U0113842

刘未鸣

段敏 主编

爱国者记述：
赤子之心系热土

中国文史出版社

图书在版编目（CIP）数据

爱国者记述：赤子之心系热土／刘未鸣，段敏主编.
--北京：中国文史出版社，2020.11

（纵横精华. 第七辑）

ISBN 978 - 7 - 5205 - 2659 - 3

Ⅰ. ①爱… Ⅱ. ①刘… ②段… Ⅲ. ①历史人物 - 列
传 - 中国 - 近现代 Ⅳ. ①K820.5

中国版本图书馆 CIP 数据核字（2020）第 242855 号

责任编辑：胡福星

出版发行 **中国文史出版社**

社　　址：北京市海淀区西八里庄路 69 号　　邮编：100142

电　　话：010 - 81136606　81136602　81136603　81136605（发行部）

传　　真：010 - 81136655

印　　装：北京新华印刷有限公司

经　　销：全国新华书店

开　　本：787×1092　1/16

印　　张：12.75

字　　数：158 千字

版　　次：2021 年 3 月北京第 1 版

印　　次：2021 年 3 月第 1 次印刷

定　　价：42.00 元

《纵横精华》编辑委员会

主　编：刘未鸣　段　敏

执行主编：金　硕

编　委：全秋生　孙　裕
　　　　李军政　胡福星

出版说明

　　《纵横》杂志是全国第一份集中发表回忆文章的期刊，自 1983 年创刊以来，以"亲历、亲见、亲闻"为视角，如实记录和反映中国近现代史上的重大事件、人物故事及各地独特的历史文化与地方政协文史资料工作情况，以跨越时空的广阔视野，纵览百年历史风云，横观人生社会百态。曾荣膺中国出版政府奖期刊奖提名奖，在读者中具有广泛影响。

　　本套"纵横精华"系列丛书，是按主题将历年《纵横》杂志刊发的读者反响较好的文章结集。自 2018 年开始，已陆续出版了历史、文化、文学、艺术、情感、人文等二十余种主题图书。所收文章个别文字有所修订，其他均保持原貌。

　　因收录文章原发表时间较久远，未能联系到的作者，请与中国文史出版社联系，以便支付稿酬。

编　者

2020 年 12 月

目 录

曾祖邹容鲜为人知的多侧面[*]

———————

邹以海

英雄的侠义和亲情

曾祖邹容胸怀天下兴亡，是人所共知的民族英豪，但他同时还是一个有血有肉的情义男儿。

1903 年，进步人士陈范在上海主编的《苏报》全文连载了邹容的《革命军》。这篇两万字的战斗檄文，引起了清政府的极大恐慌。联合上海英国租界当局，清政府抓捕了为《革命军》作序的章太炎。当时，邹容有时间脱身，但他没有这样做。得知章太炎被捕，邹容只身到英租界巡捕房投案，包裹着高高红头巾的印度狱警一把挡住他，不相信《革命军》出自眼前这位青年之手。当邹容流畅背诵出大段原文后，这个印度老兵惊讶不已。

———————

* 重庆政协文史委供稿

刚入狱后，邹容和章太炎关在一个牢房。章太炎问他为何不逃脱，邹容说：你为我而坐牢，我哪有逍遥在外之理呢！生死也要和你在一起。足见邹容的侠义。因为"苏报案"，章太炎被判三年，邹容被判两年。在狱中他们相濡以沫，以诗唱和，相互激励。

邹容个性刚烈，在狱中常为犯人的非人待遇与狱监抗议争辩，章太炎劝慰他心平气和，静待出狱。清政府深知邹容年轻激进，出狱后必会更加反叛。邹容的狱中结局由此可想而知。章太炎在他的《邹容传》中这样描述曾祖邹容牺牲时的情景："其夕，积阴不开，天寒雨湿，鸡初鸣，卒于狱中，旦日，余往抚其尸，但其目不瞑，同系者皆疑医师受贿鸩之。"1905 年 4 月 3 日凌晨，在旧中国"风雨如晦，鸡鸣不已"的寒冷日子里，壮志未酬年仅 20 岁的曾祖邹容，就这样被清廷毒杀了。

自幼聪颖、言行叛逆的邹容，和他大哥性格迥异。他疾恶如仇，大哥则温良敦厚。在一次童子生的考试中，邹容和大哥同在考场应考。因为考题偏僻难懂，考生多数无从下笔，邹容便问考官，考官不但不解释，还差人要打邹容的手板。12 岁的邹容大声说道："要打你来打，不要叫别人来打！"说罢愤然离场罢考。邹容曾经宣称：衰世科名得之有何用！其大哥却热衷科举，多次参加科考，最后总算考取拔贡，先是候补知县，后来异地上任，仅半年后清廷便垮台了。

在科举道路上分道扬镳，并没有妨碍邹容与大哥及家人的骨肉亲情，这从他仅存的两封家书中便可见一斑。在留学日本途中给父母和大哥的家书中，他充分表达了对父母的思念和未能在家侍奉二老的憾意，希望哥哥能回家侍奉父母，以代为尽孝。

字辈的沿袭传承

我们邹家在清道光末期，随高祖邹建德（邹容的爷爷）从湖广孝感原籍迁居重庆。到邹子璠这辈，因为他经营大米生意而致富，建立了一个衣食无虞的大家庭。于是，他在小较场（现在的渝中区大都会附近）购置地皮，修建了邹家祠堂。这是个有十来间厢房的院子，厅堂相当宽敞。1917 年，章太炎担任孙中山护法军政府秘书长时，曾带领随从十余人赴云贵川说服地方军阀出兵护法。途经重庆时曾来邹家祠堂看望邹容遗族，就在这个可容纳二三十人的大厅房里合影一张。邹绍阳和章太炎同排而坐，我爷爷邹兴树等族人在第一排席地而坐。这张珍贵的历史照片，我家现仅存有一张影印件。1870—1885 年，在邹子璠的悉心打理下，邹家家道日渐殷实富裕，他有了八个儿子、四个女儿，于是亲订字辈家谱，以"齐绍兴传，以道为纲"八个字作为承传香火的辈分。邹容父亲这辈叫"齐"，子辈称"绍"，邹容的名字叫邹绍陶，是邹子璠依据《诗经·国风·王风》中的"君子阳阳，君子陶陶"两句而取，寓意兄弟相处得喜洋洋、乐陶陶，和谐共生。我爷爷叫邹兴树，我爸爸叫邹传参，我的儿子叫邹道嘉，名字都是依字辈而来。这样的传承取名是希望发扬光大邹子璠和邹容的奋斗精神，沿袭家族旺道的香火。

曾祖为什么留日改名

一个人的名字有着一个时代的明显印记。在邹容那个时代，小康以上的人家给晚辈取名，不仅有"名"有"字"，有的还有"号"，或者"乳名"等。我的曾祖邹容留学日本前，家人叫他"桂文"或者"绍陶"，在邹容的家书中，落款和自称都是"桂文"。亲友对他的称呼多是"威丹"。

1903 年，邹容以优异成绩考取公费留学名额，和当时本地多名青年才俊一道，由重庆知府李立元（当时重庆公派留学生的监督官）带领赴成都谒见四川总督奎俊。在邹容的亲笔家书曾提到，他们一行受到奎俊的勉励。

但是在后来正式录取的调查政审中，邹容的叛逆言行被上报总督衙门，官府下了"聪颖而不端谨"的断语，被取消公费留日资格。这对一心向往东京（当时东京是清朝留学生的首选，从 1898 年戊戌变法后到民国初年，中国派出留日学生达数千名），渴望接受欧风美雨思想洗礼的邹容来说，是一个很大的打击。

但他矢志不改，整天在其父邹子璠前软磨硬缠，要他资助自费留日。当父亲同意后，意外又发生了，他的舅舅刘华廷从中竭力阻挠，说是邹容一旦赴日会给家族惹来更大的麻烦。眼看自己的留日计划要付诸东流，性急气盛的邹容忍无可忍，要拿菜刀去砍杀华舅，家人苦苦劝解，他的父亲终于同意出资让他留日。留日是邹容梦寐以求的。他的旧学恩师江叔遵曾数次写信对他说，"去日甚好，中国无一完善学校。"这一直支撑着邹容探索真理，去日本留学的信念。

1903 年 8 月，邹容终于成行。他乘船东下上海，转乘海轮到东京。当时秋瑾留学日本后，将原名"秋闺瑾"改为"秋瑾"，有再造自我之意，她以前的名字反而不为人所知了。邹容一到东京，就被这里如火如荼的爱国救亡气氛所感染，于是，他给自己改名叫"邹容"，隐含从此容颜改变、脱胎换骨的寓意。在日本，他积极参加留日集会、加入拒俄义勇队等活动，他的广博学识、爱国激情和演讲才华，得到了充分的发挥。

从此，"邹容"这个名字便在留日学生中广泛传扬，他的反帝反封建的战斗檄文《革命军》，首次以"邹容"署名。100 多万册的刻印本，使《革命军》成为清末发行量最大的反清读本，这更使邹容的英名不胫而走。改名是邹容重塑自我形象的重要标志，也是他短暂而光辉一生的起点和闪亮点。

邹容有鲜为人知的爱好：金石篆刻，这也是他明志和表示爱憎的载体。史学家冯自由在他的《革命逸史·邹容传》中说："课余辄喜从事篆刻，所作类雕篆名手，人以为天才。"1903 年留日期间，邹容用一块白寿山石雕刻了一枚印章"英雄心胆依然在"送给留日的邓只淳。还有一次，一位同游学日本的篆书爱好者，拿出一枚刻有"壮游日本"的印章让邹容欣赏。邹容见章，立即掷还道：才来日本便夸耀是壮游，那人家环游世界又怎么来自夸呢！

何思源：走向民主和进步

董世贵

　　解放前的北平市民都不会忘记：被蒋介石于 1948 年 6 月 30 日下令罢了官的何思源，于 1949 年年初由南京飞回北平，冒着危险呼吁和平解放北平。1 月 17 日，在他奔走、呼吁和酝酿的基础上，北平参议会议长许惠东召开了华北五省两市参议长代表及北平各界名流（包括军队代表）会议，各报社记者和中央社记者出席了会议。会议公推何思源等 11 人组成出城和平代表团，何思源为团长，并通电南京国民政府和中共中央，要求和平解决北平问题。

　　17 日下午，蒋介石命毛人凤暗杀何思源。毛人凤立即找来二处处长叶翔之、特种技术室主任刘绍复、总务处处长沈醉，研究确定如何暗杀何思源。而后，由叶翔之率四名特务乘专机飞往北平，令特务飞贼段云鹏在何宅安置了定时炸弹，造成了何家六口人一死（何思源的小女儿何鲁美）五伤的惨剧。

　　当千年古都和 200 万人民生命财产将要毁灭于战火的历史关头，何思源不顾生死也要代表民意，要求国共双方和平解决北平战事，这对他来说，是顺理成章的人生必然。

家风优良，积极参加救亡运动

何思源字仙槎，乳名金鼎。1896 年 7 月 30 日生于山东省菏泽市牡丹城内西典当街祖宅。父亲何嵩山 1906 年考中秀才，曾为私塾先生，兼习医学。辛亥革命后在菏泽县署做事，为人耿直，不善逢迎，遂辞职在家，以教书、行医为生。何思源出生时，家道进一步没落。思源上有两个姐姐，大姐早夭，二姐虽为大户，但二姐夫早亡，二姐守寡，经常居住何家。思源乃何家独子，虽家道中落，其父仍极力供其读书，希望他光大门庭，再复旧业。

何思源六岁入私塾，读四书五经。他资质聪慧，又深受家风熏染，勤奋好学。幼年除攻读经书外，还喜欢听老人讲故事，尤其爱听英雄侠义之事。七八岁以后，开始读唱本小说，对《水浒传》《三国演义》等名著更是热爱。何思源的幼年受祖母影响很深。祖母经历了大家族没落的过程，所以把家道中兴的希望寄托在孙子身上，经常以督促孩子上进的儿歌和警句来鼓励他。在祖母与父亲的督促和影响下，思源刻苦攻读，勤奋向上，从幼年就打好了古文的根基。

菏泽地区经历战乱，当地民众为了对付兵匪之患，常在农闲季节习武强身，久而久之，这个地区成了武术之乡。质朴、剽悍的民风深深地感染了少年何思源，他除了攻读诗书之外，常随乡亲们使枪弄棒，从小就养成了豪爽、坦荡、侠义、重节的品格。

1915 年，何思源考入了北京大学预科。1917 年，在预科三年级担任班长，与蔡元培、李大钊等进步学者开始接触，并开始给《新青年》写稿，《新青年》发表了他的《金钱的崇拜》。1918 年，升入北京大学文科哲学系，并参加了傅斯年、罗家伦等人创办的"新潮社"，投身于新文化运动。

1918 年 11 月 11 日，第一次世界大战结束。1919 年 1 月 18 日，战胜国在法国巴黎召开"巴黎和会"，中国作为战胜国参加了会议。但是，4 月 29 日，会议却准备把战败的德国原来在中国山东的各项特权交给日本接管，中国政府竟然准备在《巴黎和约》上签字予以承认。5 月 1 日，北洋政府外交委员会委员长汪大燮将这个消息告诉了蔡元培。5 月 2 日，蔡在北京大学西斋大饭厅召集学生班长和代表 100 多人开会，讲述了"巴黎和会"上牺牲中国主权的情况，并指出这是国家存亡的关键时刻，号召大家"奋起救国"！何思源参加了这次会议，他作为一名山东籍学生，更有其他一般同学所没有的激愤。

5 月 4 日，何思源高举"外争国权，内惩国贼"的旗帜，与同学们聚集在天安门前，各校代表纷纷演讲，痛斥帝国主义侵华罪行，最后通过了北大学生许德珩起草的《宣言》。

会后，何思源参加了游行。游行队伍经过御河桥直奔赵家楼找曹汝霖。何看到房内十分豪奢、考究，更加增添了心中的愤怒。曹汝霖从后门溜走，肥胖的章宗祥没有走脱，同学们误认为是曹，围上去痛击，将其打了个半死。接着同学们放火烧了曹宅。之后，何思源与大多数同学一起回到学校。逃出曹宅的丁士源，立即求救于北京军阀政府警察总监吴焕湘，吴遂率大队军警赶到，逮捕了尚未走脱的 30 多名学生，其中有北大的许德珩等 19 人。

学生的被捕激起了学生们及北京各界对北洋军阀政府更大的愤怒，北京学生又开展了罢课斗争。6 月 1 日到 4 日，北洋军阀政府仅在北京一地就逮捕了 7000 多名学生，这一举动，激起了全国各界的强烈反对，学生罢课，工人罢工，商人罢市。全国人民的爱国运动，终于迫使北洋军阀政府暂时改变了反动政策。5 日，释放了被捕学生；10 日，下令罢免了曹汝霖、章宗祥、陆宗舆三个亲日派的职务，并于 28 日令中国代表拒绝在《凡尔赛和约》上签字。

五四运动胜利了，在整个运动过程中，何思源虽然不是学生领袖，却积极参加了各项活动，而且把参加五四运动引以为终身的荣幸和骄傲，始终对学生运动有着深情的关注和理解。因而他在任国民党政府统治下的北平市市长时，对学生运动总是在力所能及的范围内给予同情和保护。

出国留学，寻找富民强国之路

1919 年 9 月，何思源起程赴美留学，10 月就读芝加哥大学。1921 年暑假毕业，获经济学硕士学位。之后，转入哥伦比亚大学学习。1922 年秋，由美国到德国柏林大学学习经济与政治。1924 年赴法国入巴黎大学学习政治经济学。

他在国外留学期间，一面刻苦学习，一面利用业余时间打工。何思源在巴黎大学的勤奋努力，使他赢得了一个法国姑娘的好感。姑娘叫项宜文，1905 年生，早年丧母，随父移居巴黎，也在巴黎大学读书。他们在接触中产生了感情，学习上互相帮助。1926 年何思源回国，项宜文 1927 年春来到中国，5 月在上海与何结婚。婚后项宜文改名为何宜文，入了中国国籍，1929 年移居山东泰安。何思源夫妇在中国的长期生活中，共同经历了许多磨难，但他们始终同甘共苦，相亲相爱，使何思源不平静的一生得到了许多慰藉。

1925 年 5 月间，日本资本家在上海枪杀了工人领袖、共产党员顾正红，并打伤了十多人。这一暴行引起了上海市民的愤怒，掀起了震惊中外的"五卅运动"。帝国主义在上海的血腥罪行，激起了全国人民的愤怒，何思源恨不得马上飞回祖国，投身于反帝斗争的行列。

1925 年 7 月 1 日，广州国民政府正式成立，选举汪精卫、胡汉民、谭延闿、许崇智、林森任常务委员，汪任国民政府主席，聘鲍罗廷为政府高等顾问。国民政府宣称要实现孙中山的遗嘱，废除不平等条约，召开国民会议。为了实现对全国的统一领导，又公布了省、市、县政府的组织条例。

国民政府的建立，对当时具有新思想的知识分子有相当大的吸引力。一些海外留学的青年纷纷回国，南下广州，参加国民革命，何思源就是其中的一个。1926 年冬初他到了广州。

"正统观念"，使何思源的思想由左倾移至右倾

何思源一到广州，就参加了广州大学的筹建和改造工作。何思源进广州大学时，正值学校政治气氛最活跃的时期，师生组织了许多团体，探讨中国革命的方向、社会的改造。由于受国共两党分歧的影响，学生团体也大多有明显的政治倾向，有的追随国民党右派势力，有的偏左，还有中间派组织。有的组织还创办了刊物，宣扬自己的观点、主张，经常有争论。

何思源加入了"社会科学研究会"，该会主要是由文、法两院的进步师生组成，其中有很多是共产党员，何被推选为该会的九名干事之一，讲述有关计划经济、社会政策等问题。

孙中山逝世后，国民党政府将广州大学改名为中山大学，任命戴季陶为校长。戴到校后，看到校中师生派别分歧，认为非彻底整顿不可。他建议成立校务委员会，由他和顾孟余为正、副主任（委员长），朱家骅等为委员，校务委员中大多在中央担任重要职务。校中重要事务由校务委员会商定，由委员长裁决，日常事务由朱家骅负责。何思源在参加中山大学建校工作中与戴关系密切。也就是在这个时期，由曾养甫介

绍，何加入了国民党。

学校大规模整顿中，重要的两项工作是对教员的重聘和对学生的甄别。经过调查，思想激进、参加过学校风潮的一律停聘。学校又聘请了一些教师，其中有一些是有新思想、有名气的中青年知识分子，如鲁迅、傅斯年、许德珩、杨振声等。

中山大学的整顿是国民党内部和国共两党斗争的产物，同时，又因为整顿加剧了这种矛盾。因为聘请的教师中，思想倾向有很大差异，并由于国共两党矛盾激化而迅速分化，何的思想这时开始由初到学校时的偏左逐步倾向了国民党右派，最后加入了国民党政府派的行列，由一个具有自由民主思想的知识分子转变为国民党政权中的一员。

他在国内读书和留学国外期间，形成了一种观念：国家要繁荣富强，必须建立统一的、强有力的政权。国民政府在成立后，以完成孙中山遗志、致力于实行三民主义、民族独立相标榜，许多人对国民政府寄予厚望，何就是其中之一。何进入中大后，由于知识渊博、才华出众而受到戴季陶的注意。1927 年 4 月上旬，中共党员谭平山从苏联开会回到广州，同来的有美、法、德、印四国共产党领导人。中大师生在大礼堂开会欢迎，何一人担任了英、法、德三种语言的翻译。他的才华得到了师生的普遍赞许，也进一步得到了戴季陶的赏识。何与戴日益接近，深受戴的影响。

中山大学整顿后，为加强对学生的思想教育，设立了政治训育部，李济深为主任，何被任命为副主任。李济深未到任，由何实际负责。政训部的任务，就是向学生灌输国民党的理论思想，为国民党政权的路线、政策服务。何担任此项工作，自然深受影响。

中山大学于 1927 年 3 月 1 日正式开学，何思源被聘为经济系教授，并兼图书馆馆长，后来又兼经济系主任和训育部副主任。鲁迅于 1927

年 1 月由厦门大学来到中大任教务主任兼文学系主任，与之共过一段事。

1927 年 4 月 12 日，蒋介石在上海发动了反革命政变，大肆屠杀共产党人。15 日，广州国民党右派屠杀、逮捕共产党人与进步人士，仅中山大学就逮捕了学生数百名。当天下午，鲁迅以教务主任名义召开营救被捕学生的紧急会议，各院、科主任，各部的负责人及部分教授参加了会议。何思源、傅斯年、朱家骅等都出席了会议。在这次会议上，鲁、朱公开冲突，激烈争吵。公开支持鲁迅的人不多，会议无结果，鲁迅愤而提出辞职。因鲁迅名声太大，学校当面未敢马上批准。鲁迅搬出学校，不再过问校事。此后就有大批师生被辞退和开除，学校里充满了恐怖气氛。何思源在当时没有参加当局镇压学生和共产党的阴谋活动，但在鲁、朱的斗争中，何在思想上倾向国民党政府。何思源思想的逐步"右倾"，决定了他追随国民党的政治道路。

进入政界，成了国民政府中的一名官员

1928 年，何思源由广州回到了山东，登上了政治舞台。他进入政界是由国民党元老人物戴季陶促成的。

1928 年 2 月 9 日，蒋在徐州举行第二次北伐誓师大会，随后蒋到开封与冯、阎代表会商"北伐"大计，决定 4 月上旬开始进攻。4 月中旬，下达了"北伐"攻击令。在北伐军快进入山东时，蒋要戴季陶从中山大学的高级知识分子中物色山东人，准备随军入鲁。戴虽与何共事不长，但对何的渊博知识和才干颇为佩服，于是便推荐了何思源。在给蒋介石的推荐信中，对何推崇备至，何思源拿着这封信第一次见到了蒋介石。见蒋后几天，蒋就发表了戴季陶为北伐军政治部主任，何为副主任的文告。5 月 2 日何到了济南，从此开始了他的政治生涯。

1928 年 5 月 16 日，南京国民党中央政治会议决定任命何为山东省政府委员，18 日，又追认何为山东省教育厅厅长。6 月 1 日，国民党山东政府宣告成立，何走马上任。何思源在山东教育厅约 14 年的时间，在发展山东基础教育方面取得了卓有成效的成绩。

1937 年 2 月，国民党召开五届三中全会，会上蒋介石召见何思源，要何做山东省主席韩复榘的工作，促使韩与日本决裂。7 月全面抗战后，何积极投身抗日救国运动。10 月，他参加与组织了"民众动员委员会"，是五个常委之一。1938 年 1 月，他参加了李宗仁在徐州召开的第五战区军政会议，在徐州会战期间，他组织了"教育厅转移剧团"，到前线慰问部队。11 日，韩复榘被蒋介石扣押，后被处决。派沈鸿烈为山东省主席，何仍为教育厅厅长。6 月，他与沈从郑州渡过黄河，深入山东敌后。10 月，何到鲁北组编国民党地方部队，并就任鲁北行署主任。

智斗日军，抗日到底

1939 年 1 月，日军进犯鲁北，何率部与日军周旋，打得日军叫苦连天。1941 年，日军对鲁北地区进行了多次围剿、扫荡，但每次都被何思源领导的抗日武装所粉碎，日军对他恨之入骨。是年 12 月 8 日，日军偷袭珍珠港，太平洋战争爆发。驻我国天津的日军乘势占领了英租界。何思源的妻子、儿女住英租界，日军宪兵探知了何宜文母子的确切住址，12 月 31 日，他们来到意租界工部局，通过意租界工部局的传唤，把何宜文引渡给了日本宪兵。

日军抓到何的家人后，让宪兵小队长小林爱男与他们照相，将照片放大后与劝降书一起，派邮差交给何思源。又用飞机散发传单，说如果何投降将任高官，否则杀死他的家人。他们还声称要派军包围何思源的驻地，把何的家人当作挡箭牌，如有抵抗，将先打死他的家人。

何思源对妻儿的感情非常深，他身上带着几张照片，在战斗间隙，经常拿出来看看。当他知道日军掳去妻儿后，他当即寄了两封遗书，一封给夫人，一封给鲁北地方武装的亲信将领。许多将领看后为他誓死不屈的行为所感动。

何意识到这是牵涉到中国、日本、意大利及法国的国际事件，于是决定利用其中的复杂关系对日本进行制约。他下令把鲁北各地意大利传教士和修女统统逮捕，集中软禁起来。然后一方面电告重庆国民党政府，要求通过外交途径向意大利政府提出交涉，抗议意把自己租界内的良民引渡给别国，并要求准许他把鲁北的意大利教士和修女进行扣押。为对意政府施加压力，他提出：如果自己家属被害，扣押的意大利人质将没有人身安全保障；另一方面，派人赴天津、北平、南京、重庆积极活动，向报馆、各国领事等揭露此事，大造舆论。同时分别给日军总司令、意大利大使等人写信，揭露事件真相和日军的暴行，直接对其施加压力。何在鲁北坚持抗日，通过各种渠道做伪军的思想工作，许多伪军与何暗中有来往。当时，在沧县看守何宜文母子的伪军头目丁某，深受何的影响，在暗中尽量照顾何宜文母子。何让自己的老警卫员张宪五扮成伪军照顾何宜文母子生活。何写法文密信交给何宜文，要她放心，他正在积极营救他们，日军不敢怎样。在何的鼓励下，何宜文与日军展开面对面的斗争。日本人派何思源的原来好友去劝降，被何宜文严词拒绝了。

日本人见劝降何宜文无效，就把四个孩子留在沧县，由丁某和几个伪军押着何宜文去找何思源。他们乘骡车来到何经常活动的地区，结果没有找到何思源，驻扎在清河镇。一晚，丁某请日军去喝酒，何思源夫妇见了一面，谈了形势及对策，何思源又秘密离去。日本人徒劳无功，只得把何宜文押回沧县。

1942 年 1 月 26 日，日军又把何宜文母子押到济南，住在泰岩饭店。伪教育厅厅长朱经古请何宜文母子吃了一顿饭，又送何宜文去见日军司令土桥，土桥对其进行"慰问"，然后要何宜文在济南发表讲话，说自己是自愿随日军前来寻夫，而非被当作人质等，遭到何宜文的拒绝。日军无计可施，只好把何的家人送回天津。

就任北平市市长，同情学运

1944 年 11 月，蒋介石在重庆召见何思源，专门讨论山东问题，何思源拿出事先准备好的山东形势地图，讲了山东的具体情况，把有关山东地方武装的兵力、活动区域、领导人状况，做了详细汇报。蒋对汇报相当满意，遂命何取代牟中珩任山东省主席，兼任国民党省部主任委员。1946 年 10 月，改任北平市市长。何思源到北平的第二个月，就发生了轰动全国的"沈崇事件"。1946 年 12 月 25 日，北平亚光通讯社最先发出一条消息。负责北平治安工作的警备司令陈继承下令各报禁登，怕引起学生们的反美游行，得罪美国人。但事件还是传了出去，引起社会极大反响。北平等全国数十个大中城市的学生和各界人士于 12 月底开始举行声势浩大的示威游行，抗议美军暴行，要求美军撤出中国等。于是，十几家报社的记者跑到市府，争着要何发表意见。何思源对他们说："我当学生时曾参加过三次大游行示威运动，游行示威是青年人的事，我现在年纪大了，游不动了，但是不要怕学生游行。学生们的热情发挥出来了，回家吃饭，自然就解决了。"

那时，夜间都要实行戒严，军警、军统、中统特务都由陈继承指挥，大肆抓捕游行的学生。何思源同北平 12 所大学当局的代表，包括北大的训导长贺麟、唐山交大北平分院的茅以升、美专校长徐悲鸿等，闯进外交部街警备司令部，强使陈继承会见了他们，但陈推说不知道情况。何思源及各高校的代表们又来到北平行辕，李宗仁不在，他的参谋长王鸿韶打电话把陈继承叫去，他们谁也不去向请愿的学生说"放人"。何思源说："北平有行辕，有战区长官部，有警备司令部，还有我这个无权无用的市长，竟出了这样的事，但是学生不散却是个市政问题。大家都不说话，我就去告诉请愿的学生：你们都回去吧，今天晚上，一定把那八位同学送回学校，如果不送回，明天请大家看我的辞职书。"

晚上，八个同学果然都被送回学校。

矛盾激化，终被免职

何思源对学生运动一直采取包容和同情的态度，这样不仅加深了何与美国人的矛盾，同时也与以蒋介石为首的国民党核心统治集团的内战政策相违背，矛盾逐渐激化。陈继承及特务视何为眼中钉，想置何于死地。1948 年 3 月，何一次外出路过景山东街，特务曾对他开枪射击，因汽车装有防弹玻璃，他才幸免于难。

更使蒋介石对何思源不能容忍的是：在蒋与桂系李宗仁、白崇禧的斗争中，何站在了李宗仁一方。1948 年 4 月，何积极支持和帮助李宗仁竞选副总统，并使李竞选成功，使蒋想让孙科当副总统的愿望落了空。

1948 年秋，何思源被免去北平市市长的职务，这基本上割断了他与国民党政权的联系，促使他不得不反思自己前半生所走过的道路，他说："这时候我思想上起了重要变化，我觉悟到以前已经走了绝路，这条路不能再走下去了。再也无权带着子女走死路，他们是小孩子，应有他们的新生命、新世界。"

1948 年 7 月 1 日，他与新任北平市市长刘瑶章进行了交接，随后搬出了市府，移居东城锡拉胡同 12 号。北平参议会议长许惠东与他私交甚厚，许在参议会的提案中通过，给予他"北平市荣誉市民"称号，使他在北平长期居住合法化。

人生转折，获得新生

1949 年 2 月 25 日，刚从西柏坡拜会毛主席返回北平的傅作义来到何思源的家里，向他转达了毛泽东主席、朱德总司令、周恩来副主席对他的问候：希望他保重身体，将来好为建设新中国出力。何思源听后很感动。

1950 年，他主动要求参加了华北大学政治研究院学习。在学习上，不仅努力钻研，一丝不苟；在生活上，他主动团结同学，搞卫生、打开水。在炎热的酷暑也不睡午觉，整理笔记、写学习心得，完全放下了过去当官的架子。不知道他的过去的人，都会把他看成是一个普通的劳动者。1952 年学习结业后，他出任人民出版社、世界知识出版社编辑和全国政协会刊编辑主任。

1954 年，他出席了全国政协二届一次会议，从此，连任第二、第三、第四、第五届全国政协委员，并为民革中央委员。1956 年 4 月 22 日，西藏自治区筹备委员会成立，中央人民政府派出代表团，他作为代表团成员之一，在陈毅团长的率领下前往西藏祝贺。回京后，他撰写了《旅藏纪行》，同年出版。接着他利用精通多种外语的有利条件，撰写与翻译了《哥白尼与太阳中心宇宙系统》《卡尔·马克思》《保罗·郎之万》等书。1957 年，他接待了法国文化代表团。此后，他与翁文灏、李平衡为主编，组织几十位老知识分子开始编写《法汉大辞典》。《法汉大辞典》初稿完成后，又开始主编《德语文法》。由于长期埋头工作，从 1959 年起，血压开始升高，1962 年患心脏病，后又两次中风，身体渐渐衰弱。1966 年，"文化大革命"开始，很快波及到他，他和一些从旧社会过来的做过国民政府官员的知识分子一样，受到了严重冲击，他珍藏的图书、积累的资料被抄了个片纸不留。对此，他痛惜不已，一下子老了许多。

1976 年，粉碎"四人帮"后，他克服疾病造成的困难，开始撰写回忆文章《五四运动回忆》《我与韩复榘共事八年的经历和见闻》《我所见的沈鸿烈》《我参加和平解放北平运动的回忆》等文章。85 岁，在别人的帮助下，他又撰写了《回忆我的一生》。1982 年 4 月何思源逝世，享年 87 岁。新华社于 5 月 8 日发了讣告，对其一生进行了客观的评价，其骨灰盒安放在八宝山革命公墓骨灰堂。

斗智斗勇终全胜

——何思源反人质事件始末

———

马亮宽

1941 年 12 月 31 日，日军在天津意大利租界逮捕了何思源夫人何宜文女士及四个孩子，要以他们为人质，逼迫何思源投降，如何挫败日军阴谋，何思源面临着严峻的考验。

何思源字先槎，山东菏泽人，早年就学于北京大学，1919 年考取官费留学，曾先后在美、德、法等国留学七年。1926 年回国后，先在中山大学任教，任经济系教授、系主任，后弃教从政，1928 年就任山东省教育厅厅长。

抗日战争全面爆发后，何思源坚决反对时任山东省政府主席的韩复榘避战自保，多次做韩复榘的工作，要求韩坚决抗日。韩复榘被蒋介石处决后，何思源毅然投笔从戎，请缨御敌，以教育厅厅长兼任鲁北行署主任，奔赴鲁北敌后参加抗日斗争。

1938 年 10 月，何思源由郑州过黄河，经聊城到达鲁北，就任鲁北行署主任之职。鲁北行署下辖 4 个专区，27 个县，1 个垦区。何思源到鲁北后收编、整训了一些地方部队，建立敌后政权，发动群众，整顿财政，建立秘密通信网络，刺探日军活动情况。当时日军急于向中国西南纵深进攻，对山东实行点和线的占领，只是占领了铁路沿线的重点城市，在距离铁路线较远的地区没有驻兵。何思源利用当时的有利形势，很快组编了上万人的地方部队，在纵横数百里的平原上进行游击战争，不时寻机打击敌人，牵制了日军部分兵力。日军为对付何思源，曾多次对鲁北进行"扫荡"。但日军每次大规模的军事行动，何思源都由于消息灵通，地理熟悉，群众基础好，把部队分散与日军周旋，不仅没有被消灭，还能寻找机会消灭敌人的零散部队。当时何思源时常骑马随军行动，一派儒雅气度，鲁北群众称誉他：虽为一介书生，却不愧是一条好汉。何思源在鲁北坚持抗战三年多，日军多次进攻，始终奈何不了他，于是便另施毒计，打何思源家属的主意。

何思源夫人何宜文女士是法国人，原是巴黎大学学生，何思源在法国巴黎大学留学时两人相识并相爱。1928 年何宜文女士来中国与何思源结婚，并加入了中国国籍，何思源在山东敌后抗日，何宜文一直随从。当时何思源夫妇共有四个孩子：何理路、何宜理、何鲁丽、何鲁美，两男两女，最大的何理路仅 8 岁，最小的女儿何鲁美才 2 岁。何思源深入敌后抗日，转徙不定，家属跟随，诸多不便。经与何宜文商量，决定把何宜文母子送往天津租界居住，因为鲁北距离天津较近，比较容易照顾。何宜文母子到天津后住进英租界，开始还比较安全。当时鲁北行署有一支水上保安大队往来于海上，何思源时常派自己的老勤务员张宪五随水上保安队去天津，给何宜文母子送些钱和日用品，接济他们。

1941 年 12 月 8 日，太平洋战争爆发，日军趁机占领了天津英租界。何宜文为了安全，托人找房子，搬进了意大利租界。此事由于何思源属下叛徒台兴一告密而被天津日军宪兵队探知，为了以何宜文母子作为人质逼迫何思源投降，日军于 12 月 31 日逮捕了何宜文母子。何理路回忆当时情形说："这天上午巡捕来传唤母亲到意租界工部局去，那里有日本宪兵，意租界当局就把母亲引渡给日本宪兵了。日本宪兵说，他们早已知道我们藏在英租界，并出示截获的母亲与父亲的来往信件。又说：'皇军要同何思源合作，请你去山东走一趟，劝劝他。'他们不顾母亲的抗议，把母亲押回家中，命令立刻收拾行李，由驻鲁北沾化的日本宪兵小队长小林爱男把我们母子押上火车。坐的是三等慢车，当晚到沧县，次日改乘汽车到惠民，住在一个日本人家中，有日本人监视，伪军便衣看守。日本人给我们母子照了一张与小林爱男的合影。"

日军逮捕了何思源家属后，如获至宝，立即展开政治攻势，逼迫何思源投降。他们把何宜文母子与日本宪兵小队长的合影放大，又写了一封劝降信派邮差送给何思源，同时大造舆论，用飞机散发传单，扬言何思源如果投降，南京汪伪政府的部长和山东伪省长任其选择，否则，就将其家属杀死。更为毒辣的是，他们还扬言，要派日军包围何思源驻地，把何宜文母子置于日军之前，何思源及其部下如果抵抗，将先打死他的妻子儿女。这种毒辣的诡计对何思源确实是一种严重的威胁。

何思源得知妻子儿女被捕的消息后，既激愤又痛苦：夫人随自己到中国后，生活很不安定，尤其是抗战以后，一人带领四个年幼的孩子住在天津，举目无亲，生活艰难，但为了支持自己抗日救国，虽饱受离乱之苦却毫无怨言，今又陷入魔掌，生死难料，何思源思此怎能不心痛！日军策划的这场阴谋，既卑鄙又毒辣，自己一家人都面临着生与死的考验。自己为抗日而死，死得其所，可是孩子却是无辜的。何思源深明大义，他深知，如何对待此事，不仅关系自己一生名节，而且关系到抗日救国、民族存亡的大业，即使全家遇难也绝不能向敌人示弱。他激励部属说："我的行动对全省全国影响重大，绝不能给国家民族丢脸。"为了应付万一，他写下遗嘱交给亲信部下，表明自己的心志。忠心报国，誓死不降的决心跃然纸上。

何思源写好遗嘱后，自己关在房里静静思考了一昼夜，认真分析了此事可能出现的后果，认为尚有挽救的可能。因为此事虽是日军所为，但意大利也参与其事，而何宜文是法国人，法国政府当不致袖手旁观。这样，日本此次行动就不只是中日之间的事，而是牵扯中、日、法、意四国，况且国际公法有禁止用妇女、儿童做人质的规定。此事如果闹大，引起国际舆论的关注，形成国际纠纷，日本人会有所顾忌，不敢轻易对何宜文母子下毒手，或许可以保全他们的生命。于是何思源决定尽量扩大事态，并迅速采取了几个措施：其一，电告重庆，要求中央政府对意大利提出严重交涉，抗议意大利政府为虎作伥，把自己租界良民引渡给别国政府，并要求准许他扣押鲁北地区意大利传教士和修女作为"反人质"。若他的家属被害，他将杀掉意大利人作为报复。其二，命令部属把周围地区进行传教活动的意大利传教士70多人全部集中在一起，找一个隐蔽的地方软禁起来，等待事态发展，再做处置。其三，选派得力的人士分赴各地活动，向各报馆、教会、团体、学校、慈善机关和各国领事揭露此事，广造舆论。同时，他又分别写信给一些重要人士包括日军总司令、意大利驻中国大使等人，向他们揭露事件真相，指斥日军不顾国际公法，在战争中以妇女、儿童做人质的暴行。并向他们严正声明，意大利租界当局参与这一暴行，负有严重责任，若不正当解决，他将采取严厉的报复措施，一切后果由意大利政府负责。

时间不长，何思源采取的措施有了反响，重庆国民政府很快复电说：中央政府已由王宠惠通过外交途径向意大利当局提出交涉。王宠惠曾分别与意大利及法国人士磋商，拟由意大利把人要出，交给法国，通过安南（今越南）送还中国。复电对何思源要求扣押意大利传教士的请求未作明确答复，采取了听之任之的态度。后来蒋介石曾亲自向何思源解释说："你要求以意大利人作为反人质，中央不能答应你，因为在意大利也有不少华侨；但也不敢复电不准，怕打击你的情绪。"

同时，何思源派往天津、北平、南京等地的人士也通过各种渠道送回消息。从回音中得知，此事在社会上广泛传开了，各方对日军此举都进行谴责，南京汪伪政府的某些重要人士也认为日军搞的这一手很不高明。据说去南京的人士曾携带厚礼去拜访汪伪立法院院长陈公博，说明来意。陈公博与何思源曾同时在美留学，再加上他想为自己留条后路，答应帮助活动。

意大利当局了解事件发展态势后也颇为着急。在此之前，曾有意大利传教士四人在鲁北被游击队扣留，天津意大利教会托何宜文营救得以释放。现在意大利租界当局竟伙同日军逮捕了何宜文母子，并且在鲁北传教的意大利教士和修女 70 多人又被何思源扣押，因此教会方面对租界当局特别不满，进行责难，并积极主张和平解决。为此，意大利大使曾专门找日军总司令冈村宁次进行交涉和商谈。

何思源在接到日军的劝降信和何宜文母子被捕后的照片后，当即扣押了送信的使者。根据各地反馈的信息，何思源断定日军不敢贸然加害其家属。自何宜文母子被捕后，日伪对鲁北发动了一系列攻势，他们派飞机散发传单，除散发给何思源的劝降信以外，还散布一些其他蛊惑人心的消息，如散发日本海、空军偷袭珍珠港的照片等。日伪的这些活动曾迷惑了一些群众，再加上日伪军在鲁北频繁活动，使当地军民人心惶惶。何思源决定公开表明自己与敌人势不两立的态度，揭露日军的阴谋，断绝日军的幻想，稳定军民的情绪。

正好这期间，何思源部下有一位姓张的营长抗日阵亡，何思源便利用为张营长开追悼会的机会表明自己的态度，他在行署驻地魏家庄集合军民群众，让送信人也参加，何思源在追悼会上公开讲演，他拿出日军的信件说："日本鬼子想要我去当他们的省长、部长，是瞎了眼！真无耻！这封信我没拆，更不屑看。"何思源随即把信当众撕得粉碎，又接着说："大家放心，日本鬼子动不了我一根毫毛，我的家眷是日本鬼子从意大利租界抓走的，我向意大利要人！日本鬼子胆敢杀我一个人，我就杀意大利10个人。我们跟日本鬼子没话讲，只有打！我们有我们的打法。我们必胜，日本必败！我们坚决抗战到底，如果有人胡说八道，就以汉奸治罪！"何思源最后说："他们还送来一张相片，我留下作证，将来拿住日本宪兵，好对照治罪。送信人现在可以回去，我之所以叫他参加这个大会，就是让他转告日军，这就是我对日军的答复。"

何思源在鲁北很注重分化、瓦解伪军，通过各种渠道做伪军的工作，伪军一些上层分子都与何思源部暗中来往，何思源也派一些人打入敌伪内部，一则做伪军的工作，二则收集情报。当时在沧县负责看守何宜文母子的伪军头目姓丁，就是深受何思源影响的一个人。他在暗中尽力照顾何宜文母子，使何宜文母子的生活环境有所好转。为了暗中照顾他们，何思源又让自己的老勤务兵张宪五扮成伪军，照料何宜文母子的生活。

何思源为了安慰妻子，坚定她的信心，还用法文写成密信转交给何宜文，要妻子放心，外面他正在积极做工作，日军绝不敢杀害她和孩子。在何思源的鼓励下，何宜文更加坚强，经常与日军展开面对面的斗争，小林爱男几次要她写信劝何思源投降，都被她拒绝。有一次，小林爱男纠缠不休，惹恼了何宜文，当面斥责小林爱男说："你们打不了何思源，拿妇女小孩出气，真卑鄙！"小林爱男十分恼火，拔出手枪比划，但这时的何宜文却毫不畏惧。

又过了几天，日军见诱降不成便采取了行动，把何思源的四个孩子交给假扮的伪军张宪五照管，由姓丁的伪军头目和几个日伪军押着何宜文去找何思源。他们乘坐一辆大骡车到了何思源经常活动的地区，结果日伪军没能找到何思源，而在内线的周密安排下，在清河镇驻扎的一天晚上，姓丁的伪军头目请日本士兵去酒楼喝酒，何思源与何宜文见了面。两人谈了当时情况和应采取的态度，何思源旋即秘密离去。日伪军折腾了三天，一无所获，只好又把何宜文押回沧县。

日伪军在这期间也曾到何思源活动地区进行"扫荡"，由于何思源消息灵通，防备严密，结果是日伪军死伤了几十人，狼狈退了回去。并从此对何宜文母子的看管开始内紧外松，准许何宜文上街走动。

何思源利用各种方式广造舆论，又通过多种途径与日军交涉，尤其是扣押70多名意大利传教士和修女作为"反人质"，引起国内、国际舆论，对日军最高层造成很大压力。日军侵华派遣军总司令冈村宁次迫于这种压力，不得不亲自下命令给山东省日军司令土桥，限令在1月26日前把何思源家属送回天津原地。这一消息由惠民伪军司令金某用密信告知何思源，何心中踏实下来。

可是惠民的日军仍不死心，他们决定再派人去和何思源谈判，做最后的劝降。他们担心何思源不愿见日本人，所以派了一个做日军翻译的朝鲜人来谈。经过交涉，何思源答复愿意接见。1942年1月12日，在五区专员刘景良和惠民县县长李紫衡周密安排下，何思源带领50多名骑兵，分三路离开自己驻地，驰至谈判地点惠民城南30里地的一个村庄，与朝鲜籍的日军翻译谈判。何思源事先已经了解清楚，所以没等那个朝鲜人下说词，就先发制人，很坦然地对他说："朝鲜人也是受日本压迫的，你应当和我站在一起抗日。"并再次表明自己坚决抗日，不作任何妥协的态度，"我们与日本之间只有战争，无其他话可说。至于我的家属已陷日本人之手，日本人以为借此要挟可以使我屈服，他们完全想错了……"何思源的严正态度和凛然正气震慑了那个朝鲜人，谈判没有取得任何成果。

日军仍不肯罢休，一计不成又设一计。1 月 13 日，日军以其旅团长松井的名义写了一封信给何思源，信中先对何思源的坚贞不屈进行赞扬，并表示敬佩，随后诡称：决定于 14 日把何夫人及其子女送济南转回天津，路经清河镇，希望何思源到该地与夫人、子女见一面，庶可不负何夫人此行云云。实际是想借此麻痹何思源，诱使其上钩，用埋伏的军队趁机将何思源及其随从人员一网打尽。很快何在日伪军中的情报人员又送来紧急情报，说日军已探明何思源驻地，并调集重兵企图包围何部，进行突袭，一举将何思源及其部属擒获。情报还说，日军已派人在何驻地附近进行监视，派去监视的人每晚 8 时回城报告，若转移驻地，不宜行动过早，以免被监视的特务探知。何思源接到情报后，经过周密安排，于午夜率部转移。次日拂晓，日军果然兵分三路向何原驻地包抄过来。此时何因患病不能骑马，行动迟缓，尚未走出多远，于是便命骑兵向西北方向疾驰，吸引敌人追赶。何思源及随从则向相反方向秘密转移，跑到惠民城东的一个村庄潜伏养病。日军的阴谋又没有得逞，1 月26 日之期已到，只得遵令把何宜文母子送到济南，先安排住在石泰岩饭店。日军无法以何宜文母子为人质逼迫何思源投降，但还想利用何宜文母子欺骗舆论，洗脱罪责，授意伪教育厅厅长朱经古出面安抚。朱经古请何宜文母子吃了一顿饭，又按事先安排陪同何宜文去见日军司令土桥。见面后土桥先是假惺惺地进行慰问，最后要何宜文在济南发表广播讲话，承认自己是自愿在日本人协助下来山东寻夫，因没有寻到，现在要返回天津，感谢日军的照顾。何宜文深明大义，洞察其奸，先是拒绝，土桥等人一再纠缠，何宜文最后说："我的中国话说得不好，不会广播，如果一定要我讲，我只能照实说，不会说瞎话。"机智地挫败了日本人再次施展的诡计。土桥等人智计俱穷，只好叫小林爱男把何宜文及其子女送回天津。

何思源把握时机，在当地群众的支持下，斗智斗勇，在处理人质事件的过程中，有理、有利、有节，挫败了日军一个又一个的阴谋，终于取得了最后胜利。

父亲彭泽民与国民党右派的斗争

彭润平*

我的父亲彭泽民一生尊敬孙中山先生为革命良师、领路人。他不畏强权，不畏艰难险阻，忠实遵行"三大政策"。面对国民党内部新老右派明争暗斗，争权夺利，背叛孙总理的"三大政策"，父亲同他们进行了坚决的斗争。他是孙中山的忠实信徒，也是中国共产党的亲密挚友。

拒绝做邓泽如的"特务委员"

1923 年，孙中山从上海到广州讨伐陈炯明。初抵广州，驻农林试验场。就在此时，彭泽民受中国国民党马来西亚芙蓉市总支部的委派，回国谒见孙总理。彭泽民到广州后，先访邓泽如，请其引见，邓当即应允，然而一连数日，彭泽民登门等候，邓却避而不见。一日黄隆生在场，问道："你频频来，何事欲见邓泽如？"彭答："请邓引见孙总理。"

---

* 彭润平，彭泽民之女。

黄说:"你太不懂事! 何时见过泽如带人去见总理!"彭说:"我自己亦能面见孙先生,不过自南洋归来,照例要南洋领导带同往见,彼此都好一点。"说罢即托一青年租来一辆车径直到农林试验场。

孙先生正与方兆麟同志座谈。方亦是海外华侨,与彭熟悉,彼此握手问候。

孙中山问:"泽民同志,你是几时归来的?"彭答:"我已归来多日了,因恐怕先生刚回粤,事情很多,未敢造扰!"孙先生说:"我实在是忙,我规定上午会见政界朋友,至午后3点会见同志,因为政界谈话有时不便公开,与同志凡事都可以谈。"先生接着说:"你两位都是南洋同志,请你们以后每日下午3点前来座谈,好吗?"彭说:"甚好! 不过出入有点麻烦,守卫森严,很多盘问,方可进入。"孙先生有些惊愕:"你没有出入证吗?"彭答:"我刚回来,未有领到。"先生立即唤一侍者,取来一枚特别出入证章交给彭泽民。此后,彭泽民佩戴这枚证章,顺利出入。后来先生搬到士敏土厂,虽往来需要过江,交通不便,但彭泽民依然常去,长达三个月之久。

5月5日为孙中山率海军南下护法就任大元帅纪念日,又因今次孙中山再次回粤讨伐陈炯明,广州市民是日举行巡行庆祝。坐落在南堤的中国国民党广东省党部门前悬旗挂练,党员集合同往士敏土厂祝贺孙总理。彭泽民与众海外华侨党员十余人早早到党部客厅等候,等了很久,始见邓泽如、黄心如(邓的"拜把"兄弟)、林丽生(大盐商)三人下楼,径直往海滨搭乘小轮渡离去。正在等候的众华侨党员颇感疑惑不解。其中一人说:"他们去了,我们无谓在此等候!"说罢摇头冷笑。陈占梅则勃然大怒,继而大骂:"邓泽如,你岂有此理! 一旦做了官,便忘却老同志,如无我陈某,你能有今日吗?"陈是马来亚吉隆坡华侨,锡矿场主,老同盟会会员。邓曾在中华革命党时期被孙中山委派为南洋各埠筹款部部长，此时又被孙先生任命为大本营建设部部长、两广盐运使和大本营参议。众党员皆对邓表示反感，分道离去。

是晚邓泽如设宴，陈占梅赴宴夜半始归。陈把酣睡中的彭泽民摇醒，喊他："快起来，有要事商量。"彭问："什么事这么急啊？"陈说，邓泽如拟委任他为黄沙盐务稽查所所长。彭泽民急问："你是否答应？"陈说："我认为眼下没有职务，暂且答应也可。"彭更急了，大声说："占梅，千万不可！我绝不干，你也不能答应！"接着彭冷静下来分析情况说："占梅，邓泽如此举是因为你今日骂了他，他的耳目向他报告了！之所以让你任此官职，就是要平息你对他的愤怒。此等末职，从来被人指为'肥缺'，倘若插足，最易引人起疑。何苦玷污自己清白，你快快推辞为上策啊！"陈解释道："我见许多同志闲逛，料此可能安排一些同志任职，这也是上策啊！"彭泽民十分严肃地对陈坦言道："你我今次回国都没有做官的思想！退一步说，即使要做，也要找个干干净净的去处，这种稽查处人人都认为是好入息的地方，切切不可尝试。我们不是内行，容易被人所卖！"陈占梅不解地说："你彭泽民也未曾做过，何以懂得如此透彻！"彭泽民说："别的我不知晓，但黄沙稽查，广东无人不知、无人不晓，是个肥缺。"陈仍误以为彭嫌官职小、官位低而不同意，翌日晨起，一再催促彭泽民同他一道去接任。彭答道："我敬谢不敏！"陈十分生气说："你回国干什么！"又说："你常常告诫同志，要服从命令，此话怎讲！"彭说："占梅，事情不是如此简单！"说毕，借故出门访友去了。午后归来，见陈下车，怀抱一大包文件。彭问："是何珍贵？"陈说："我已接任，这就是做官的东西。"彭问："同谁去接？"陈答："严月笙。"严是邓泽如的左右手，广州出名的败类。彭泽民心里很难受，但也很无奈，只好找老同志何岳楼商量，并请他从旁帮助陈占梅。

数日后，邓泽如找到彭泽民。先是说了一堆言不由衷的客套话，说罢要彭日常去盐运司署机关帮他分劳。彭答："我不懂盐务，不敢从命。"邓说："不是让你搞盐务，而是让你帮我招呼海外归来的同志，免得他们说我忘了旧谊。"邓摆出一副中国国民党政要的口吻说："这是为党服务，请勿再推辞！"彭泽民一愣，如梦方醒，喃喃自语："原来你邓泽如要我做你的特务委员！"后来的事实说明，所谓帮他接待海外归来的华侨同志，一次也没发生过，更多地却是帮他推诿军人索要军饷，无以应付时则怒颜相向。再者就是帮他出差调查盐商是否纳税等。及至满一个月，会计通知彭泽民领薪酬和收据。据长有尺余，字大如鸡卵，上写"×××委员收到×月薪俸陆拾大元"。会计笑对彭泽民说："彭委员，请饮茶嘞！"彭回应道："你太小量了，大伙一起去吧！"说罢招呼在场众人，一同到附近玉醪春酒家。彭泽民举杯一饮而尽，大声宣布："诸位，我明日呈辞，即返南洋了！"彭泽民看透了中国国民党内部右派邓泽如之流欲以官禄收买人心党心，决定坚决与他们划清界限，绝不同流合污。他怀抱着孙中山先生所提出的三大政策返回南洋，并特地将1915年朱执信同志所赠"前进"题词高悬堂上，以示继续革命的决心。

同汪精卫的一场唇枪舌剑

1926年1月，国民党"二大"在广州召开，彭泽民参加了这次大会。由于中国共产党的鼎力支持，以及国民党内虽为少数但影响力颇大的左派努力抗争，国民党新老右派背叛三大政策的阴谋没有得逞。是次会上，彭泽民结识了中国共产党的先驱人物董必武、林祖涵（林伯渠）、毛泽东、彭湃、谭平山、周恩来、邓颖超、许蕴魂等人，同他们结下了深厚的友谊，同时也结识了国民党的左派同志何香凝、柳亚子、邓演达等。他们一见如故。会上彭泽民被选为中国国民党中央执行委员会委员和国民党中央党部的海外部部长。

在第二次国共合作的大革命高潮中，他与海外部秘书长、中共党员许蕴魂紧密配合，动员、组织和团结广大海外华侨出钱、出力、出人，全力支持省港大罢工，支援北伐战争。在国民党二届二中全会上，他与何香凝、柳亚子三人异口同声反对蒋介石意在清共的所谓"整理党务案"，被国民党右翼报公开辱骂为"会场三怪"。在国民党二届三中全会上，他与毛泽东、恽代英、林伯渠、吴玉章、董必武、许蕴魂等中共党员执委协同开展反对蒋介石搞专制独裁的斗争。

1927 年 4 月 12 日，蒋介石发动了血腥的反革命大屠杀。4 月 22 日，武汉国民党中央执行委员、国民政府委员、军事委员会委员联合通电讨蒋。彭泽民作为中央执委、国府委员，提出"开除蒋介石出国民党"。翌日，国民党中央军事政治学校各期学生在阅马场举行武汉各界讨蒋大会，彭泽民在会上发表演说："我们要打倒帝国主义，蒋介石竟勾结帝国主义！我们要解放工农，蒋介石竟摧残工农！我们要革命，要拥护孙总理三大政策，非打倒蒋介石不可！"

国民党中央委员会决定由监察委员会宣告蒋公然反叛，罪无可逭。汪精卫主持中央委员会，提出到会中委均要发表个人意见。到会的 23 名中委一致斥责蒋介石背叛党国。大会通过执行惩戒并责成汪精卫起草惩戒条文。汪拟文谓："蒋介石自绝于党、自绝于国，永远开除党籍，通缉归案查办。"彭泽民即时指出"查办"二字不妥。汪问："何故？"彭说："条文上面是永远开除党籍，受罚比查办为重，然而未查确切，便先开除他的党籍吗？"汪问："怎改？"彭说："改查办为严办便妥。"汪说："你也想得周到。"众皆举手赞同通过。汪精卫要求到会中委逐一签名，以示负责。

然而，汪精卫阴阳两面，不足三月后，汪精卫等一群中委都投靠到南京蒋介石门下，并召开所谓扩大联席会议。他们为取媚蒋介石，竟下令通缉彭泽民和邓演达。通缉令完全按照武汉 23 人署名讨蒋的条文，不易一字："彭泽民、邓演达附逆有据，永远开除党籍，通缉归案严办！"彭泽民笑嘲说："汪精卫善变，无人能及！"

蒋介石力图推翻武汉国民政府，威迫利诱，无所不用其极。驻武汉中委亦不少人动摇。为此彭泽民往见汪精卫问道："外间人传说，国共分家实有无此事？"汪说："不是我们要分人家，乃人要分我们的家！"边说边从抽屉拿出一份电文，递给彭看。电报译文大意为"一、须即成立工农革命军。二、速成立军事裁判委员会。三、土地收归国有。"彭说："此电文或者弄错了吧！"汪说："没错！"彭说："此电文并没有分家的意思啊！"汪拍案而起，指斥彭："你何懵懂至此！你是国民党员吗？此电文不正是要消灭国民党吗？组织工农革命军不正是完全要听共产党支配吗？成立军事裁判委员会不是要我们自己杀自己的同志吗？土地归国有不正是要实行共产吗？"汪精卫唾沫横飞，声色俱厉。彭泽民不紧不慢地回应说："不致如此严重吧！现在两党合作凡事尽可能共同磋商，不可两相疑忌！"此时汪精卫更怒不可遏："你是本党老同志，尚且如此，难怪许多人说你是共产党了！"说完拂袖而去，留下彭泽民一人。过了一会儿，汪再进来，彭即告辞，汪却说："你且稍坐再说。"彭泽民又追问汪："我又听说宁汉两方将要合作，此话确否？"汪答："并无此事。"彭接着说："无此事则可，若有，则中央威信扫地。惩戒的墨迹未干，又与反叛者合作，党的前途不堪问了！"汪精卫心怀鬼胎，怒气冲冲，用手击桌。见此情景，彭泽民说："汪先生，我与你 20 多年同志，向来言无不合，先生今此之见，我绝不赞同，倘若先生坚持如此，我以为切切不可！但我是一个海外华侨，政治经验当然不及先生，但我自知力薄识浅，不能有为，不能协助，只有辞去一切职务，再返南洋，不复留此！有累先生了。"说毕告辞。

到家不久，即有一士兵携函而至，乃汪精卫约明日9点谈话。彭不解其意："莫非汪有悔改吗？！"翌日，彭按时赴约，只见已有国民党中委多人在座，后陆续又来了十多名中委。汪说："今日特邀请纯粹国民党中委开座谈会，有事共商。因共产党胁迫我党……"彭泽民听了，心窃异之。汪接着说："今主席团决定三条办法：一、凡政府机关有用共产党人为职员者一律开除；二、本党同志有曾加入共产党者须即脱离，不得跨党；三、党政各机关人员以后不准讲'共党'理论，阅'共党'书籍、报刊和印件。经确定这三个办法，今日座谈后，明日常委会当取一致态度通过。"全场静寂，好一会儿无甚反应。突然张发奎怒气冲冲地说道："你们此举是要解散第四军罢了！你们都知道第四军所有将官多是共产党人，一旦尽数开除，岂不全军溃散！你们究竟有何不满第四军，把我张某治罪便罢，何必如此办法！我第四军今日是打胜仗归来的，并非打败仗，因何获罪遭解散！"汪以手拍张的肩膀说："向华，无须动气！你的部队我早为你措置好了！"张无语，拿起衣帽离去。时已过午，午餐后又接着开会。陈友仁、孙科、宋子文三人同坐一长沙发上。汪点陈发言说："你应发言，你今日又代表孙夫人，身兼两份，理应表态。"陈友仁起立以英语与孙科交谈，大概是要请孙科代为翻译。陈发言甫出，孙即示意打住。陈又转向宋子文，大概也是请宋翻译。宋子文没有制止陈之发言。

陈友仁说："我与孙夫人皆反对刚才汪先生所提出的三个办法，并曾商谈过三个办法：一、立刻派员到莫斯科，商量国共两党合作办法；二、派往莫斯科的人未回来之前，此事暂时搁置勿提；三、一切党报及宣传机关俱不得将此事散布和泄露。"陈友仁讲完，四座默默无声。汪转向彭泽民问："彭同志有何意见？"彭说："各位同志都讲得很明白，我原本可以不讲了，但主席要我表态，我不能不将我的意见讲出来。"
彭接着说："不知今日座谈主张分共抑或制裁？若说制裁大可不必如此
急迫，如果是分共，我就不敢赞同，因总理手订联俄、联共、扶助农工
三大政策，三者不能减一！我曾亲听总理讲三民主义是良好的种子，三
大政策是良好园地，有了良好种子，无良好园地也是枉然的。我又听陈
友仁同志讲过，全赖总理有先见之明，与苏联携手，国民政府今日能够
在外交上讲得上话，都是总理遗泽。今友仁同志在座，请问他是否对我
说过？总理遗下三大政策，我们还未做到，今日却要把它涂改，如果我
们未有得到更好的策略，一旦有错失，将何以对总理！刚才友仁同志提
出三个办法，本人极之赞同！"彭发言后又是一片沉默。座谈会没有
结果。

散会时已是半夜。彭泽民火速赶到中共中央领导成员吴玉章、林伯
渠的住处，通报汪精卫分共会议的详情；再赶回海外部机关，宣布遣
散。他首先安排中共党员，催促他们迅速撤退，每人发给百元大洋作为
盘缠，在此危急时刻，一批曾共同战斗过的中共党员及爱国青年免遭
厄难。

永远跟着共产党

彭泽民得知共产党将要在南昌举事，毅然决然奔赴南昌，参加了南
昌起义。8月1日起义军占领南昌后，彭泽民被推为革命委员会的委员
兼党务整理委员，同时与宋庆龄、邓演达、毛泽东、林伯渠、吴玉章、
恽代英等22人联合署名发表《中央委员宣言》，义正词严地揭露蒋介
石、汪精卫两反动集团的叛变行为。蒋汪国民党反动派大为震惊，立即
调集大军赶来讨伐，起义军在敌我力量十分悬殊的情况下，于8月3日
至6日分批撤出南昌，向广东进军。年过半百的彭泽民夫妇自始至终随

军南征。肖克上将曾回忆道："在南征途中，曾两次听到彭泽民在队前讲话，怒斥蒋汪清党分共罪行。彭泽民说：'清党清党，清他们的狐朋狗党。'"由于马来西亚英国殖民当局早已下了驱逐出境令，蒋汪反动统治集团合流对彭泽民实施永远开除党籍、通缉归案严办令，"八一"起义失败后，彭泽民没有立足之地。1927 年 10 月 3 日，在广东普宁县流沙镇天后庙，革命委员会和起义总指挥部召开最后决议会议，建议彭泽民到香港去，继续从事侨务和革命斗争的工作。10 月 7 日，彭泽民与刘伯承、林伯渠、彭湃等从陆丰神泉港乘船到达香港，自此度过了 20 多年的政治流亡生活，直至 1948 年年底，在周恩来的亲自指挥，香港中共地下组织的周密安排下，彭泽民同李济深等第三批北上的民主人士一起，秘密北上，参加筹组新政协、筹组成立新中国事宜。

爱国人士马忠骏

———

李兴昌

　　已故哈尔滨市政协委员马忠骏，字荩卿，1870 年 5 月 28 日生于奉天海城接官堡。

　　马忠骏年幼时家境贫寒，无钱读书，1878 年幸遇同宗兄弟念书，需要陪读，他才得以入塾。1889 年，他去盛京考秀才，三场未竣，其父马庆升去世，他作为长子不得不承担起养家糊口的责任。但他不忘圣人教诲，定以仕进为己途，托人先在盛京将军衙门里谋得一个额外效力书记的职务。1894 年升为文案委员，后充任宁远盐厘局局长。1897 年又当上了交涉局委员。

临危出使，名扬四方

　　1900 年，义和团运动席卷华夏大地，八国联军攻入北京，慈禧太后逃往西安，局势一片混乱。沙俄政府借镇压义和团之机，分兵多路侵入我国东北，所到之处，无恶不作，人民惨遭涂炭。主政东北的盛京将军增祺想向俄军乞和，因俄军气焰嚣张，嗜杀成性，虽悬赏千金也无人肯往。马忠骏在"天下兴亡，匹夫有责"精神的激励下，挺身而出，请命为使。增祺见他官小职微，对能否担此重任，甚是犹豫。但那些高官们都吓破了胆，没人敢于前往，也就只好让他带一名通事（翻译）和十几名护从，前往旅顺去了。

马忠骏一行人进入俄军占领区后，屡遭恫吓。一些俄兵耀武扬威，竟用枪指着他们乱喊："枪毙中国人！"有的随从见此情景很害怕，请求返回。马忠骏严肃地说："我们出使不能辱使命，你们去留自便。"他面对凶残的俄兵毫无惧色，在马上正襟危坐，俄兵也没敢贸然行事。

马忠骏到旅顺后，竟被俄军蛮横地扣押起来，几经周折才见到俄军旅顺要塞司令、海军中将阿历克塞耶夫。这位俄军头目一见马忠骏就杀气腾腾地说："你胆敢到这里来，就不怕死吗？"马忠骏无所畏惧地大声回答："怕死我就不来了！"阿历克塞耶夫见他是个没顶戴的小官，又刁难道："那么增祺怎么没来呢？你也不是全权代表，来干什么？"马忠骏理直气壮地说："正式会谈之前，先由交涉人员联络，这是外交惯例，难道将军这也不懂吗？"阿历克塞耶夫又嘲讽地说："那么，你们中国军队都哪去了，是不是一听到枪声都逃跑了？啊！哈哈哈！"面对嘲笑，马忠骏满腔怒火，义正词严地反驳："中国军队是为了议和，按照命令撤退的，怎么能叫逃跑呢！"俄军司令见马忠骏不怕硬的，又装出一副爱才的面孔，吹捧马忠骏勇敢、能干、善讲，要推荐他为奉天之长，帮助俄军维持地方。马忠骏不卑不亢、落落大方地说："俄国军队能占领中国领土，却不能强夺中国之主权；能打败中国的军队，却不能征服中国的人心，更无权在中国领土上荐任中国官员。"这番话使俄国将军无言以对，只好翘着大拇指说："马将军，说得好！你真会说！"接着，阿历克塞耶夫便让马忠骏转告增祺，派有顶子的全权代表来谈判。

马忠骏昼夜兼程驰回奉天，却不见增祺，听说增祺早已弃城逃走了。他又出城追赶，在通往新立屯的途中赶上了增祺。增祺仍派不出有顶子的官员，便给了马忠骏一个副都统的官衔，再去旅顺议和。马忠骏二次到旅顺后，与阿历克塞耶夫达成了双方立即停火，俄军停止进攻，地方秩序由中国地方当局维持的口头协议。

这次交涉活动，奠定了马忠骏的仕途基础，使马忠骏名扬关外，俄国人称他为"马将军"，中国人称他为"马大胆"。

宦海沉浮，诚心爱国

马忠骏扬名之后官运亨通，仅在两年之内，就由一名普通的文案委员晋升到知府，以后又担任过营口厘金局总办、转运局总办，兼理交涉、渔业事宜，被称为"太守"。在这期间，他曾被委派参与过收编打家劫舍扰害百姓的绿林冯德麟，1910年被委派调查过三省海关及各捐税。他长期生活在东北，看见千里荒原无人开垦，强邻逼境，边防空虚，便上书建议屯垦戍边。1911年他被任为吉林省屯垦局局长。遗憾的是，他刚上任不久，同年12月又被调到官运局，未能实现屯垦戍边的愿望。

为什么要调他到官运局呢？主要因为辛亥革命爆发以后，清王朝一片混乱，吉林省的榷运官员趁机将百万巨额税款私分后逃散了。奉天都督赵尔巽为了稳定局势，整理财政，才又将胆识过人的马忠骏任为官运局长，让他负责追回十分棘手的巨额赃款。马忠骏不负所望，上任后一面申明大义，凡主动交回款项者，一律既往不咎；一面陈说利害，对不听劝谕者，加重处罪。这样，很快就收回了大部分赃款，博得了上司和下属的赞许。

1914年马忠骏到黑龙江省任朱庆澜的顾问官。同年9月23日，接任黑龙江省铁路交涉局总办。在任期间，他曾妥善处理过帝俄企图霸占我国内河航运权的"庆澜号事件"。1915 年 2 月 26 日，黑龙江省在为"办理交涉人员择优请奖"时，说马忠骏"接办局务数月以来，办理积案甚多，遇有重要事件，一经洽商，即可融解，极为得力"。因此，俄国人和日本人都很怕他。

俄国十月革命后，中国当局陆续收回了中东铁路沿线地区的部分行政权。1921 年 2 月至 1925 年，马忠骏担任东省特别区市政管理局副局长、局长，曾主持修建了哈尔滨的通道大街（现为中山路），栽下了路两边的榆树。他的夫人还出面当校董，募捐创办了哈尔滨第一女子中学。高崇民任市政管理局科长时，有人说他与共产党有联系，要加害于他。马忠骏设法保护高崇民，资助他离开哈尔滨南下，脱离了险境。吴玉如（马忠骏的女婿）是周恩来的同班同学。有一次，周恩来来哈尔滨，在吴玉如家住了四五天。临走时，吴玉如为使周恩来有充足的路费，便向马忠骏要钱，马忠骏二话没说，要多少就给多少。

马忠骏在他三十多年的宦海生涯中，亲身经历了清王朝的腐败和垮台，看到了帝国主义的横行霸道，体验了官场中的营私舞弊、尔虞我诈，再加上军阀混战，民不聊生。这一切使马忠骏消失了青年时代的凌云志，厌倦了仕途生涯。因此，他在晚年于哈尔滨市区东南郊修建了一个"遁园"，老百姓俗称"马家花园"。占地面积约 200 余垧，建有石碑、生圹、亭阁、住宅，还有鸡舍、兔舍、鱼池等；大部分面积是果树林和菜地、花木。他在遁园里经营农业、园艺和饲养业。他从苏联买来拖拉机耕地；采用米丘林学说，搞苹果与耐寒的山丁子嫁接培养新品种；还派他的儿子马维城到日本名古屋买来优良鸡种来克亨和九斤黄，用日本产的孵化器繁殖小鸡，办起一个机械化养鸡场。1926 年他辞去了特别区市政管理局长职务，用大部分时间经营遁园，并常与张半园、陈亮伯等文人幕僚在一起写诗唱和，出版过诗集《遁园杂俎》。

反满抗日，坚贞不屈

"九·一八"事变后不久，东省特别区行政长官张景惠在哈尔滨召集各界人士商量组织东省特别区治安维持会，一些清朝遗老大多趋炎附势，想借机升官发财。而马忠骏却向张景惠交了辞职书，要求辞去担任多年的黑龙江省铁路交涉局局长的职务。张景惠因忙于炮制伪满洲国，又不愿意树敌过多，当时没表态。马忠骏也没等张景惠同意，就将印鉴、枪支带回家，闭门不出了，并吩咐家人："如果有日本人或官府的人来找我，就说我不在家。"伪官府多次派人请他去议事，他都没去。伪黑龙江省省长程志远曾委任他为伪省署参议，他拒绝了。伪国务总理大臣郑孝胥曾出面相劝，他仍不从。

1932 年初夏，马忠骏曾秘密资助过马占山抗日，不慎走漏了风声，遭到日本宪兵的搜查。当时在他家查出两支短枪（是他防身用的），就硬说他反满抗日，图谋不轨，把他抓进了日本宪兵队的牢房。日本人威胁说："你私藏枪支，与马占山有联系，就是反满抗日，这是死罪！"马忠骏坚决否认与马占山有联系，并坚定地表示："吾已年逾花甲，死不足惜！"日本人恼羞成怒，用鞭子抽打他，他仍不屈服。以后又用软的，让汉奸给他透风，说日本人很看重马的骨气，如能合作，可以当上省长或大臣。马忠骏根本不为高官厚禄所动，并进一步以绝食进行斗争，抗议对他的无理逮捕。他在狱中对前来看望他的孙女马佩琏说："我已经60 多岁了，不算短寿，我和他们拼了。回家告诉你的奶奶和其他家里人，都不用管我，叫他们分散到乡下种地去，千万不要为日本人干事。就是我死后，你们长大了，也绝不许给日本人当差，为满洲国做事！"

马忠骏被日寇关押了好几个月，既没抓到他同马占山联系的证据，也没使他就范出来干事，又因他是有名望的政界元老，怕加害于他引起民愤，便趁伪满张焕相、熙洽等大臣联名保释的机会，叫马家用金子来赎人。当时马家已经败落，只好把家眷们的戒指、耳环、手镯等凑在一起，又从亲友中借来一些，送给日本宪兵队，才使马忠骏获释。

日本特务机关放了马忠骏，并没放松对他的监视，把他列为"要视察人"，派一个叫朝见安邦的日本人，以"学中国话"为借口，住在马家两年。对出入马家的人一一记下，随时向宪兵队报告。马忠骏搬到马家花园住以后，因离抗日游击队活动的老山头很近，日本人不放心，又派来一个"学农业"的日本人，一直监视到光复。马忠骏对这些前来"关照"他的日本人，从不以宾客相待，不让进正厅客房，不接不送。

1941 年，伪满大臣韩云阶的老婆死了以后，想娶马忠骏的女儿马淑芳为妻，马忠骏以"马家小姐不能当续弦"为由回绝了。其实，以前他招吴玉如（当时是铁路监事会的秘书）为婿时，吴就娶过亲。"不能当续弦"只是他憎恶与汉奸结亲的一个借口。

有一次，哈尔滨的日伪广播电台邀请他作新年广播讲话。其用意是明显的，如讲拜年话，可扩大伪满洲国的影响；如讲反满抗日，则是罪状一条。马忠骏再三推托不掉，只好应邀前去讲话。但他没写讲稿，开头就说："我遁园老农是也……"接着就讲开了农家乐，什么小孩上树了，什么驴打滚了，信口开河，滔滔不绝。拜年话、抗日话都没说，什么"东亚共荣、日满协和"之类的意思一点也没提。气得日本人没等他讲完就改播歌曲了。马忠骏回家后说："我如来佛还斗不了孙猴子？鬼子王八蛋又没斗过我！"说完哈哈大笑，非常得意。

在日本帝国主义殖民统治下的伪满洲国，谁要说自己是中国人，就是犯罪，就会招来杀身之祸。马忠骏却每年春节都要把全家人聚在一起，讲不要忘了自己是中国人。他说："日本人漂洋过海抢占我们中国人的土地，奸淫烧杀，无所不为。他们是侵略者，是强盗，肯定是短命的，长不了。我是中国人，绝不向奴役我们的侵略者屈服，绝不卖国求荣，助纣为虐；也绝不允许我的孩子去做强盗的帮凶，为虎作伥，因为你们也是中国人。是中国人就要保持中华民族的气节，就要对祖国忠贞不渝。"1945 年年初，日本宪兵队登门想让他的儿子马维圃去宪兵队当差，这样就可以免服兵役。马忠骏坚决不同意，并对马维圃说："你要敢去干那伤天害理的事，你就不是马家的人，以后再不许你进马家的门！"但他却支持儿子马维邦、马维方及其妻子儿女到克山县去种地，过农家生活。他认为"举家齐下野"，就是对日伪的反抗。

老遇光明，欣喜若狂

1945 年东北"光复"之后，国民党在东北不断制造武装冲突，接收大员恣意抢夺胜利果实，使马忠骏感到"太平无望，国运不昌"。这时，冯仲云同志主动把《关于东北问题》一书送给他，在扉页上题"遁老教正"。这种尊重和真诚，使他对共产党人产生了好感和信任。李兆麟同志也是辽宁人，称他为"老乡"，他对李兆麟的才学很佩服，对《露营之歌》很赞赏，常吟咏"火烤胸前暖，风吹背后寒"等词句。李兆麟被害后，他异常悲痛，列名治丧并参加了送葬。以后，他更加靠近共产党。

哈尔滨解放以后，他主动将自己珍藏几十年的书籍、文物献给了筹建中的东北图书馆。为了支援解放战争和抗美援朝战争，他先后将四个子女送入部队。中华人民共和国成立以后，国家日新月异的变化，使饱经沧桑的马忠骏感慨万千，欣喜若狂。他逢人常说："有生以来未之见也，想不到我中华也有今日。"斯大林 70 寿辰时，83 岁高龄的马老应《黑龙江日报》之邀，写诗为斯大林祝寿，获长诗二等奖。

1956 年 5 月，他被聘为哈尔滨市政协委员。1957 年 6 月 1 日病逝，享年 87 岁。

开明绅士牛友兰

牛荫西　牛旭光

牛友兰是晋绥边区参议员，是根据地颇有影响的爱国民主人士，也是位杰出的教育革新家。"十年动乱"时期，他在家乡毁庙创办新学，培育大批人才，为传播"五四"运动以来的新文化、新思想和开拓晋西北山区的文化教育事业，作出过历史性贡献。抗日战争和解放战争时期，他的家乡山西省兴县，是晋绥解放区的首府，八路军一二〇师司令部、政治部，中共晋绥分局、晋绥行署等领导机关，一直驻在这里。1948 年 3 月，毛主席、周恩来副主席、任弼时同志在转战陕北后来到晋绥，就曾住在兴县蔡家崖牛家花园院。抗战开始后，牛先生积极响应中国共产党抗日救亡的伟大号召，毁家纾难，带头捐献大宗家资支援牺盟会、八路军抗战，并将自己筹款创办的纺织工厂，无偿交给抗日民主政府，大力支持新政权的各项工作，为根据地建设竭诚尽力，作出了重要贡献。

在敌后根据地处于最困难的 1942 年，为表达在中国共产党领导下团结抗战到底的决心与态度，由牛友兰倡议并得到当地党政机关支持，组成以他为团长的"晋西北士绅参观团"访问延安，受到毛主席等党中央领导同志和陕甘宁边区政府的高度重视和热情欢迎。牛友兰与共产党肝胆相照、荣辱与共的事迹，被人们广为传颂。

家遭瘟疫，亲子夭折，依然毁庙兴学

牛友兰，名照芝，1885 年（清光绪十一年）出生于一个大户地主家庭，幼时在本村私塾和城里嵋山书院读书，21 岁考中秀才。牛友兰的二哥和三哥长期在外地做官，家产日益雄厚，土地最多时有两千多垧，五座院落和一所花园，并在县城合股开设商号两处，牛家是兴县的首富。牛友兰于 1906 年远离家乡，考入北京京师大学堂（北京大学前身）就读，开始接触康有为、梁启超的变法维新主张，后又阅读同盟会的进步书刊，眼界顿开，思想发生了急剧变化。他认识到中国的贫穷落后是帝国主义列强的侵略和清政府的腐败所致，遂立志拥护孙中山先生的民主主义革命，从事社会改革和发展新文化教育事业。

1909 年他因病辍学返里，同本县阎罗坪村康改桃结婚。康氏共生育四个儿子，1912 年生的第一个男孩就是曾任北平清华大学中共地下党支部书记、抗战初期在山西牺盟总会负责、中华人民共和国成立后担任过全国供销合作总社主任的牛荫冠。牛友兰从北京返乡后，就全力兴办新学。兴县地处山区，地瘠民贫，文化落后。面对这种情况，牛友兰认为必须大力发展教育，开办新式学校，提高国民素质，遂于辛亥革命后的第二年在兴县北坡村创办了第二高级小学，任校长。这是一所完全新式学校，废除了一切旧的教学内容，学生人数增加很快，深受群众欢迎。"二高"比起由嵋山书院改成的第一高小，教育内容的革新更为彻底。牛友兰为扩大学校规模，随后又到兴县黑峪口镇开办分校，在这里他结识了从山西大学回乡的刘少白（后任过晋绥解放区临参会副议长），他俩志同道合，建立了深厚情谊，结拜为金兰兄弟。黑峪口分校是利用神庙办学的，为改建成学校，需要打掉庙里的泥塑神像。开始工友们怕冒犯神灵，谁也不敢动手，牛友兰就亲自上前把神像的头打了下来，这在当时是个勇敢的行动。

正当牛友兰在黑峪口办学的时候，蔡家崖牛家大院发生瘟疫，他的父母相继病故，接着前房温氏所生的 16 岁儿子吐血夭折。顿时流言四起，说他儿子的死和牛家遭瘟疫，是因为他打掉神像，得罪了神，是"神的惩罚"。家庭内部也对他施加压力，责怪他不该为办新学毁庙打神像。受到这次严重打击，面临着严峻的考验和选择，然而他毕竟是相信科学的，并没有被各种流言和责难所吓倒，相反更坚定了他办学的决心。

1925 年，牛友兰在兴县城关创办了兴县中学，出任校长。兴县中学是选择县城东关最大的庙宇寿圣寺办学的，牛友兰不顾"神灵惩罚"之类的说法，再次带领师生们打掉庙里的所有泥塑神像，把两厢改建为教室和自习室，把正殿改建成大礼堂。当时在偏僻山区创办一所新型中学是很不容易的，缺乏师资是最大的困难，尤其是英语和数、理、化教师当地难以找到，牛友兰则想方设法到外地聘请。兴县中学的学生来自兴县、岚县、奇岚、保德、临县、方山县以及陕北的神木、府谷、葭县（今佳县）等地，由于当时附近各县都没有中学，更没有大学，故兴县中学则成为晋西北山区的最高学府。在创办兴县中学的同时，牛友兰还长期兼任兴县城关第一高小校长。他亲手培养了大批人才，不仅为发展晋西北地区科学文化事业作出了贡献，而且绝大部分学生后来均走上革命道路，参加了中国共产党，成为根据地建设的一支骨干力量。正因为这样，牛友兰在晋西北地区老一代知识分子中，有着广泛影响和颇高的社会声誉。

科学民主，进步爱国，新派代表人物

牛友兰是孙中山革命民主主义思想的热心传播者。"五四"运动时期，当破除封建礼教、打倒孔家店、提倡科学与民主、开展新文化思潮传到晋西北山区时，他和好友们积极响应，充分利用学校这个阵地，广泛进行宣传。1927 年夏，在兴县中学举办了以宣讲"三民主义"为主要内容的训练所，在牛友兰具体主持下，县教育局利用放暑假之机，集中全县小学教员前来学习。随后，兴县中学正式增设了三民主义课程，系统宣传孙中山的三民主义和革命实践活动。在这个时期，牛友兰和国民党右派进行过长期斗争。1928 年，兴县成立国民党党务筹备委员会，他被公推为主任委员。后国民党山西省党部支持右派分子制造分裂，反对孙中山联俄、联共、扶助农工的三大政策，叫嚣清党，排斥和打击进步势力，擅自召开代表大会，建立组织。1929 年 4 月，牛友兰领导兴县中学师生揭露他们的阴谋，宣布国民党兴县县党部为非法，在学生贾维祯等带领下，兴县中学师生整队出发，砸了县党部的牌子，查封了国民党县党部。事后，兴县国民党中的右派分子不甘心失败，跑到太原告状，在山西省党部的支持下，他们又卷土重来，宣布解散兴县中学国民党区分部，以"暴乱"罪名开除牛友兰、贾维祯、孙启明等一批兴中进步师生的党籍，撤销了党证，牛友兰从此和国民党脱离了关系。1931 年10 月，太原学生举行抗日游行，国民党省党部下令开枪打死学生穆光政，激起太原各界群众的强烈愤慨，捣毁了国民党山西省党部。这时贾维祯正在省城上学，从太原跑回兴县，向牛友兰报告消息，经共同策划后，在牛友兰主持下，兴县中学全体师生和各界进步人士，在东关大戏台召开穆光政烈士追悼大会，接着游行队伍再次查封了兴县县党部，从此结束了国民党在当地的一切党务活动。

兴县中学是在大革命时期创办的，师生们爱国热情很高，牛友兰一贯支持学生的爱国民主运动。学校成立不久，学生们就利用节假日上街宣传抵制日货、查禁日货。北伐时叶挺将军的独立团在汀泗桥、贺胜桥击败吴佩孚后，师生们欢欣鼓舞，学校召开庆祝大会，组织游行，还演出《二七大罢工》《收回租界》等革命短剧，广泛进行宣传。"九·一八"事变以后，南京政府奉行不抵抗政策。牛友兰义愤填膺，将兴县中学和高小全体师生集合到兴中礼堂，举行"九·一八"国耻纪念大会，他和师生代表纷纷登台演讲，痛斥日本帝国主义的侵略罪行和国民党政府的不抵抗政策。1935年冬，北平爆发"一二·九"学生爱国运动，兴县中学学生首先起来响应，组织上街游行。县长李凯鹏百般刁难，提出张贴标语、传单必须加盖有校方公章，校长牛友兰当即提供油印机和纸张给学生使用，并批准在标语、传单上加盖了学校公章，打破了反动政府的限制，使这次游行得以顺利进行。兴县中学还进行过反贪官污吏的斗争。黑峪口禁烟委员王殿锦贪污巨款，旧政府包庇他，让其逍遥法外，兴中师生为此集合游行，要求惩办罪犯，官府慑于群众声威，不得不把王殿锦捉拿归案。牛友兰还利用兴县中学校长身份，想方设法保护进步师生，免遭反动当局迫害。阎锡山在山西实行白色恐怖时，有几个进步学生从太原跑到兴县躲避，兴县中学将他们收留编入班上学习，保护了他们。1935年年冬，阎锡山大肆捕杀共产党人和革命群众，使古老的兴县城变成一座恐怖牢笼。这时兴县中学教师刘献礬（后任过山西省委统战部部长）遭反动当局追捕，刘逃出避难，后经牛友兰出面具保，才脱离险境。县长李凯鹏曾亲率军警到兴县中学进行搜查，由于牛友兰和师生们的抵制，使其阴谋没有得逞。由于以上种种原因，反动政府一直把兴县中学视为心腹之患，遂于1936年强行勒令停办。共产党在兴县地区建党较晚，所以在很长一个时期内，兴县中学在传播"五四"运动以来的新文化，宣传反帝反封建的进步思想，同国民党右派以及反动政府的斗争方面，发挥了主体和核心作用，牛友兰则是这个时期置身家乡的新派主要代表人物。

捐资献厂，毁家纾难，坚持团结抗战

抗日战争时期，牛友兰衷心拥护中国共产党抗日民族统一战线政策，全力支持并亲身参加抗日民主政权的工作。1937 年上半年，牛友兰的长子牛荫冠受党的指派由北平回到太原，协助薄一波同志从事上层统战工作，牛荫冠曾被委托主持山西牺盟总会工作。在其鼓励和影响下，牛友兰始终站在共产党和牺盟会一边，为抗日救亡，竭尽全力。

1936 年冬，牺盟会派遣"村政协助员"来到兴县开展救亡工作，牛友兰让他们在学生中排演抗日节目，进行救亡宣传。随后，余丕铎、米建书等人到兴县组建牺盟会，得到牛友兰的支持和合作。王力波等一批留省城学生受牺盟会派遣回兴县从事救亡工作，生活遇到困难，牛友兰热心为他们解决食宿问题，支持他们的抗日工作。以后当阎锡山停发兴县牺盟会的经费时，牛友兰毫不犹豫，决定每月赠送 100 银元活动经费，解决了牺盟会面临的困难。抗战开始后，山西牺盟总会经过统战关系委派大同牺盟特派员张干丞到兴县任县长，开始组建抗日政府，同来的还有高芸生、董一飞，他们都是地下共产党人。不久八路军挺进敌后，一二〇师来到晋西北地区。牛友兰的好友刘少白在太原经王若飞、安子文介绍参加共产党后，也回到兴县开展救亡工作。从此牛友兰就依靠张干丞的抗日政府，积极支持八路军、决死队抗战。在张干丞、刘少白等的启发帮助下，牛友兰毅然一次捐出家资 23000 银元和"复庆永"商号的大部存货，支援抗战；并将牛家大部分房舍提供给八路军使用。牛友兰为这次捐献，耐心说服了在世的两个哥哥和"复庆永"的其他股东，晓以利害，做了许多思想工作。他的这一爱国行动，产生了很大的社会反响，在其带动和影响下，当地其他富户也用实际行动纷纷捐献，共赴国难。"晋西事变"后，在"四大动员"时，牛友兰再次捐出8000银元和125石粮食，并动员本家妇女捐献金银首饰，支援抗战。

晋西北地区交通堵塞，物资匮缺，为打破敌人封锁，帮助抗日政府解决经济困难，牛友兰受县长张干丞委托，自筹资金10000元，于1937年冬在兴县城创办了"兴县民众产销合作社"，出任经理，孙良臣（后任晋绥解放区高等法院院长）任协理。下设营业部和生产部，营业部是负责物资交流与沟通的商店和货栈，生产部是以纺纱织布为主的工厂。后为躲避日机轰炸，生产部搬到距城40里的孔家沟山村办厂，更名为兴县纺织厂，牛友兰任厂长。1940年日军夏季扫荡后，为保全工厂，经请示晋西北行署同意，将工厂搬迁到黄河以西的陕西神木县阎家堡村，工厂更名为晋西北纺织厂，牛友兰仍任厂长。为办好工厂，他曾派人到延安难民纺织厂取经，购回畜力弹花机，更新部分设备，扩大生产规模，使之成为晋西北根据地最大的纺织工厂。贺龙将军曾亲自到阎家堡村视察工厂，给职工以很大鼓励。1941年，行署领导考虑牛友兰年事已高，遂派陈志远接任厂长一职，牛友兰被委以晋西北行署贸易总局顾问。他离开工厂时，没有要求退还建厂资金，也未索要工厂任何财物。牛友兰为抗日民主政府创办了一所纺织工厂，这是他对根据地建设作出的又一贡献。1942年，牛友兰被选为晋绥边区参议员，亲身参加了共产党领导下的"三三制"政权的工作。

抗战时期，在山西那种错综复杂的政局下，牛友兰的政治态度是十分鲜明的。他虽是位党外的社会名人，但从不和阎锡山方面的人员接触往来，而把全部希望寄托在共产党、八路军身上。他热心鼓励和支持子女及家人参加革命。1938年1月，他亲自送二子牛荫天（牛奇）和三子牛荫东（牛旭光）到临县决死队随营学校学习。以后牛荫天又入抗大二分校，转赴晋察冀边区工作；牛荫东到延安抗大毕业后，先后在八路军一一五师和安徽新四军工作。1942 年，他又把最小的儿子牛荫西送往延安。至此他的四个儿子全都走上了革命道路，均加入共产党，成长为终身职业革命战士。他的侄女牛荫英、牛荫蝉、牛兴中，侄儿牛荫德、牛荫树、牛荫越；侄孙牛联棠夫妇、牛联棣夫妇；侄孙女牛金枝、牛联桐、牛番秀等牛家大部分子女，先后离开地主家庭，参加救亡工作，走上革命道路，同样得到他的热心鼓励和大力支持。他们中有的在敌后残酷的斗争环境中，献出了年轻的生命；有的后来留苏学习，成为我国工业战线的重要骨干；有的在地方和军队担任领导工作。晋绥解放区领导同志和领导机关，长期住在蔡家崖牛家宅院，牛先生热心给提供各种方便。

1940 年春，晋西北行署建立，山西新军总指挥续范亭出任行署主任，牛荫冠任副主任兼党组书记。行署机关就设在蔡家崖，续范亭主任和牛夫人康改桃曾住在一个院子里，彼此亲如家人。牛夫人很关心续主任的生活，经常把自己做的可口家乡饭食送给续主任等领导同志品尝。续主任对牛友兰和其夫人的为人，很是赞许。以后牛夫人患病时行署派出医务人员为她精心治疗，1945 年牛夫人在陕西神木县盘塘村病故，行署还为她送了花圈，就地进行安葬。晋绥军区成立后，军区司令部就长期设在蔡家崖，贺龙等晋绥领导人一直住在牛家花园院。解放战争时期，毛主席、周恩来副主席、任弼时同志来到晋绥后，贺龙同志把自己住的花园院让给党中央首长住。毛主席在这里发表了著名的《在晋绥干部会议上的讲话》和《对晋绥日报编辑人员的谈话》。牛家宅院现在是"晋绥革命纪念馆"馆址。

学习陕甘宁，拜见毛主席，组成士绅参观团

为了学习陕甘宁边区的经验，更好地为根据地建设作出贡献，1942年5月组成了“晋西北士绅参观团”访问延安。参观团共由15人组成。团长牛友兰，副团长刘少白、武润生；团员为兴县的孙良臣、贾克明、王作相、任辑武、刘鉴，保德县的张映萱，临县的刘墨林、樊沚如，神池县的程进，离石县的刘菊初、陈顾三，陪同参观团的有晋绥分局机关报《抗战日报》记者师海云。他们临走前，贺龙司令员给每人发了一套军服，大家穿上都高兴地说：“我们也当八路军啦！”参观团于5月4日从兴县起程，途经陕北绥德时，受到八路军三五九旅旅长兼警备区司令王震的热情接待。参观团于5月20日到达延安，住在当时延安最高级的宾馆南门外交际处。党中央机关报《解放日报》对参观团团长牛友兰作了以下专门介绍：“……二十四时，肄业于京师大学堂，辛亥革命期间，牛先生从校返里，兴办教育事业，培养弟子千人以上。‘七七事变’后，交通不便，货物来源困难，牛先生下决心发展农村纺织业，筹款10000元，创办兴县产销合作社，两年来辛苦经营已扩大为晋西北纺织厂。牛先生担任厂长兼贸易局顾问。他的长子牛荫冠是晋西北行署副主任，今天兴县散布在各地的知识分子，大都受益于牛先生。”“牛先生对边区的民主政治、经济建设仰慕已久，此次倡导来延安参观，立即得到当地党政机关及地方绅士的热烈赞同。”随后《解放日报》对参观团的活动作了连续报道。

参观团到达延安的当天晚上，陕甘宁边区政府主席林伯渠、副主席李鼎铭、边区参议会副议长谢觉哉亲自设宴为参观团全体成员洗尘。次日上午，晋绥分局书记林枫受党中央委托，来到交际处访晤他们，并挥毫题词“群策群力，为建设晋西北抗日根据地而努力”。党中央指派正

在中央党校学习的张干丞住在交际处，协助金诚处长负责接待工作，安排参观日程。牛友兰等先后参观访问了机关、学校、工厂、医院等38个单位，尤其对难民工厂观看得特别仔细，询问了工厂的生产管理和工人的生活情况，做了详细笔记，决心把该厂的好经验带回晋西北去。参观"日本工农学校"时，他们亲眼看到昔日的法西斯官兵已被改造为反战同盟的战士，深深感到共产党政策的英明。参观团先生们异口同声地称赞说："陕甘宁边区这样地瘠民贫、人口稀少的地方，又处在被封锁的情况下，无论农业和工业能有今天这样的发展，实在是个奇迹。"牛友兰写下"事在人为，有志竟成"八个字赞颂延安。5月29日，贺龙、林枫、续范亭等晋绥解放区领导人，特意在延安枣园的续范亭住处，宴请牛友兰等参观团成员，这天前来欢迎他们的还有山西籍的徐向前将军。由于大家在晋西北时都认识，这次在延安聚会备感亲切。

6月29日下午3时，毛主席、朱总司令在中央机关设宴欢迎参观团全体。接见时，毛主席握住牛友兰的手亲切问道："你有两个孩子在延安学习吗？"（那时牛旭光、牛荫西正在延安学习）牛友兰当时很受感动，心想毛主席日夜操劳国家大事，连这么件小事也都知道，非常敬佩。时隔十天以后，7月9日下午，毛主席又亲赴参观团住地的交际处看望各位先生。在兴奋愉快的氛围中大家围桌座谈，毛主席询问了诸先生的姓名、家庭情况后，深刻分析了国际国内形势，说明反对日本帝国主义的侵略战争，是世界历史上最为伟大的战争，指出了反法西斯战争的光明前途。接着毛主席就"三三制"政权问题、整风问题以及抗日根据地的各项方针、政策，进行了详细阐述。他谈古论今，开怀畅谈，从秦始皇焚书坑儒谈到抗日民族统一战线，侧重阐明中国共产党在抗战中团结抗战、在抗战胜利后团结建国的总方针，并即席回答了参观团诸先生提出的各种问题。毛主席谈笑风生，座谈气氛亲切热烈，进行了五个多小时，直至晚上毛主席才告别离去。这次座谈使参观团先生们夜不能寝，有的写诗作赋，有的用日记记下了这终生难忘的时刻。牛友兰等感到是他们参观以来最大的收获，非常荣幸。在参观期间，党中央王若飞、北方局杨尚昆、晋绥分局林枫，先后到交际处邀请他们座谈，王若飞还赠送他们每人一本联共党史，勉励大家回去后要好好学习，继续做好各方面的工作。

7月14日，《解放日报》发表《送别晋西北士绅参观团》的社论，开头就说："牛友兰、武润生、刘少白先生们所组织的晋西北士绅参观团就要回去了，每当想到背负着民族的苦难，怀抱着对于陕甘宁边区的高度热望而仆仆西来的诸位先生，特别是想到以六十高龄而不辞跋涉之苦的几位老前辈，我们实在感奋万端。"7月20日，《解放日报》刊登了牛友兰等《留别延安各界书》，再次表达了他们对党中央、毛主席、朱总司令以及陕甘宁边区政府和延安各界的衷心感谢。参观团回到晋绥以后，牛友兰到处宣传延安的好经验、好作风。他在《抗战日报》上发表了长篇观感上说："最使人感动的是延安的新政治、新经济、新文化，这是共产党领导人民能够取得胜利的保证。我们一定要把这些宝贵的经验宣传发扬光大，让它在晋西北很快生根、发芽、开花、结果。"牛友兰还给晋西北纺织厂职工详细介绍了延安参观的情况和体会，使大家受到很大的鼓舞和教育。1946年2月，他又在《解放日报》上发表"议会的新旧比较"一文，以解放区参议员身份，用新旧议会的对比来颂扬解放区的民主政治。

毛主席说：牛友兰是不该斗的

1947年秋，晋绥解放区进行土地改革时，由于康生等在土改试点中大搞极"左"，致使晋绥分局在推广他们的经验时，出现了"左"的错误，在蔡家崖召开了所谓"斗牛大会"，对牛友兰进行残酷斗争，使其在精神和肉体上受到很大创伤。1947年9月27日牛友兰含冤去世，享年63岁。他在临终时对土改工作团负责人马林说："你们的事业是正义的。"表达了他对党和土地改革运动的真诚支持和拥护。他死后，埋葬在蔡家崖后山牛家祖坟外西南的地头上。

晋绥土改时，毛主席正在转战陕北，当党中央、毛主席发现晋绥土改中"左"的错误后，通知晋绥分局马上派人到陕北进行汇报。毛主席对前去汇报的同志说："晋绥土改犯了一个很大的错误，刘少白、牛友兰这些人是不该斗的。"并指示要很快纠正"左"的做法。随后，贺龙在晋绥分局召开的一次干部会议上说："土改时不应该那样斗争牛友兰，也不应该那样对待牛荫冠同志，这件事发生在司令部门前是很不应该的。"解放战争时期担任过中共华北局书记的薄一波，在1950年6月和贺龙的一次谈话中说，牛荫冠同志的父亲是为我们做过好事的，土改时斗争他是不应该的。

在党的十一届三中全会路线的指引下，1989年7月18日，中共兴县县委正式作出为牛友兰先生平反昭雪的决定，否定了过去强加给他的一切不实之词，充分肯定了他的光辉业绩，为他彻底恢复了名誉。牛友兰一生追求真理、不断进取、热爱祖国、与中国共产党密切合作，他是党的忠诚同盟者、人民的好儿子，党和人民将永远怀念他。

一代女魂，妇运先驱

——纪念唐群英逝世 75 周年

唐存正*

我国是一个长期受帝王统治的君主国家，男尊女卑，妇女没有独立的人格，更谈不上有社会地位。以秋瑾、唐群英为代表的一批先进女性，为谋求妇女自身的解放，寄希望于反清救国的辛亥革命，没料想革命胜利，帝制推翻，民国建立，妇女却仍受大男子主义的歧视与压制。

为捍卫辛亥革命成果，坚持"男女平权"主张，中国同盟会第一个女会员唐群英，慨然以女权运动为己任，高举为妇女争人权、争平等的大旗，以女子后援会会长的名义，联络湖南的王昌国，上海的林宗素、沈佩贞，南京的吴木兰等女界领袖人物，议决将女子后援会与女国民会、女子参政同志会、女子尚武会和女子同盟会，联合组成"中华民国女子参政同盟会"，发起了中国历史上的第一次女子参政运动。唐群英就是这场规模空前的女子参政运动的倡导者和主要领导人。

---

* 唐存正，唐群英之孙，衡阳市湖乡文化研究所特邀研究员。

为争"男女平权"强闯参议院

中华民国成立后，南京临时参议院竟然将女子参政搁置在《中华民国临时约法》之外，自然激起女界同胞的强烈不满，各地妇女纷纷组团，掀起了女子要求参政的热潮。

唐群英于 1912 年 2 月 26 日领衔向临时参议院递交了《女界代表唐群英等上参议院书》，书中指出："兹幸神州光复，专制变为共和，政治革命既举于前，社会革命将起于后。欲弭社会革命之惨剧，必先求社会之平等；欲求社会之平等，必先求男女之平权；欲求男女之平权，非先予女子参政权不可"，因此，请于宪法正文之内，订明无论男女一律平等，均有选举权及被选举权。可是，3 月 11 日《中华民国临时约法》公布时，仍无男女平等之规定。在"人民一律平等"一条中，只提"无种族、阶级、宗教之区别"，而不提男女平等。18 日，唐群英拜见临时大总统孙中山，面陈由她领衔起草的《女子参政同盟会上孙中山书》，要求将《约法》第二章第五条"中华民国人民一律平等"下的"无种族、阶级、宗教之区别"一语删去，以"为将来解释上捐除障碍"或"于种族、阶级、宗教之间添入男女二字，以昭平允"。是日，临时参议院开会，对唐群英等上书的审查报告批复："应俟国会成立，再行解决。"其实，"主张男女平权"，不仅在同盟会纲领上就已明确，况且南京临时政府成立时，也提到"提倡女子参政"。而议会的这番批示，实质上是一种推托之词。

参议院的做法，激起了女界代表极大的愤怒。孙中山闻讯，也深感不安，遂于 3 月 20 日上午召见唐群英，谆谆告诫说："此事未有一经提出即行通过者，倘能坚忍耐劳至再三，将来或能达此目的，幸毋为无意识之暴举，受人指摘。"唐群英听后觉得有道理，遂与张汉英、蔡慧等商量，决定规劝女界代表不要鲁莽行事，要沉着冷静。随后，唐群英带领20余人列队到参议院求见林森议长，要求列席旁听，不料却被拒之门外。女界代表们非常愤怒，沈明范等冲出队伍，砸碎议院玻璃窗，其间有一警卫上前阻止，被诸女子踢倒在地，大家一涌而入。不久，唐群英与张汉英因事离场。

谈到女子参政，有些议员出言不逊，说："女子程度不及，不能遽于参政权"；"男女特性不同，予以参政，会使家庭事务荒弃，社会秩序之不足维持"；"女子无国家思想，无政治能力，与此政事，会误国机"，等等。王昌国忍不住反驳道："推翻帝制，建立民国，民不分男女，都应平等，女子参政，天经地义。你们口口声声讲民国，但谈到女子参政，就不以女子为国民……"顿时，会场气氛紧张，有的议员甚至说："女人懂什么？只知柴米油盐，生儿育女，管好家务才是正事"；"一些西方国家开通较早，尚且没有女子参政之先例，况我中国乎？"也有的说："对于此问题，第一则以今日非其时，第二则将来女子程度果高，其宜否参政，尚在研究之列……"沈佩贞气愤地说："在前线打仗，冲锋陷阵的有我们女子，在后方搞宣传、搞救护的有我们女子，女子哪点不行？你们这些议员大人，有的晚上打麻将，白天开会打瞌睡，发言打官腔，又有几个有治国安邦的高见？要么就对我们女子说三道四，左一个不能参政，右一个参政必然误国，我才不信你们这套呢！"会场乱了起来，有的议员指着沈佩贞说："你出口伤人，泼妇骂街，那还了得！"于是拍桌打椅得乱作一团，会议不欢而散。

次日上午，王昌国向唐群英汇报昨天会议的情况，唐群英称赞地说："你和沈佩贞驳得在理，就是要理直气壮地和他们论个明白。"接着她和王昌国再次赴参议院议场，议院门卫把守森严，无法入内。唐群英于是转道总统府拜见孙中山，孙大总统当即应允代向参议院斡旋。事后，有的报纸作了失实的报道，大肆渲染唐群英指使发动"大闹参议院事件"，一时舆论界大哗，波及各地。唐群英深感这对于女子参政所需要争取的社会同情与支持非常不利，遂于 22 日与蔡慧再进总统府，向孙中山陈明事件真相，请求大总统提议修正《临时约法》，"以重法律，以伸女权"。与此同时，她还向《亚细亚报》提出质问，郑重发表书面声明："大闹参议院一节，鄙人当日旁听只一饭之久，有事回寓。沈君佩贞听之终席，因意见不和，大起冲突，鄙人次日经王君昌国来说，始悉其详。贵报新闻栏内，谓系鄙人主使，不知何所见、何所闻而云。然信口开河，含沙乱射，此岂有道德者所为乎?"

创立"中华民国女子参政同盟会"

由于多数参议员坚持反对女子参政，与孙中山的斡旋亦无结果，且这时其又辞去了临时大总统职务，在这种情况下，"中华民国女子参政同盟会"于 4 月 8 日在南京正式召开成立大会。会上一致通过了由唐群英主持起草的"简章草案"，其政纲为十一条：一、实行男女权利均等；二、实行普及女子教育；三、改良家庭习惯；四、禁止买卖奴婢；五、实行一夫一妻制度；六、禁止无故离婚（只指以后实行自由结婚而言）；七、提倡女子实业；八、实行慈善事业；九、实行强迫放脚；十、改良女子装饰；十一、禁止强迫卖娼。大会选举唐群英为会长并兼任政事部部长，其他领导成员有张汉英、张昭汉、沈佩贞、林宗素、吴木兰、王昌国、蔡慧等，并举定各部职员。自此，一场以觉醒妇女为主体，以争取女子参政为奋斗目标的有组织、有纲领、有领袖的妇女解放运动在全国范围内逐步展开。唐群英还亲自主持了"会员徽章"的图案设计。会后，她们发表了《女子参政同盟会宣言书》，愤然宣布："吾党今日冲决网罗，扫除障碍，其第一步之事业，即在争取公民之地位"，"苟有障碍吾党之进行者，即吾党之公敌，吾党当共图之。"随即又于 4 月 12 日向各省都督、各政党、各报馆发出通电声明："南京参议院所布剥夺女权的《临时约法》，我女界绝不承认！"自此，一个以"实行男女平等，实行参政"为中心内容的女子参政运动，在唐群英领导下推向了高潮。袁世凯非常恐惧，一上台就公开反对女子参政同盟会到北京开展活动，他在致国务总理唐绍仪的电文中明示："应准其举定代表一二人来京，不得令其全体北上，以免种种窒碍"，又致电黄兴"设法阻止"。

唐群英与王昌国、沈佩贞等不顾袁世凯的百般阻挠，于 5 月"联袂北上"，继续向袁氏政府要求承认女子参与政权。到北京后，她们广泛接触女子团体的战友，拜会同盟会的志士同人，多方联络各地议员，积极开展力争男女平权的活动。

8 月，唐群英等获悉参议院拟定的国会选举法中只规定"中华民国之男子得为参议员"，她们异常愤怒，认为"此乃切肤之利害"，必"出死力以争之"，遂与北京女子参政团成员张寿松"筹商对付办法"。最后商定以"女子联合会"名义上书参议院，要求补订《女子选举法》，指出"各种之私权公权等，实天赋人之原权，无论男女人人本自有之，无待他人之畀予或吝予"，并陈述要求颁布《女子选举法》的种种理由。

反对同盟会抛弃"男女平权"

反对中国同盟会抛弃"男女平权"，是女子参政同盟会的另一重要活动。宋教仁为了实现"政党内阁"，在中国同盟会改组为中国国民党的过程中，不惜迁就有些政团的要求，于政纲中公然删去"男女平权"的主张，甚至连会议都避开女会员。7 月 16 日，唐群英、沈佩贞、王昌国等闻讯赶到会场，群起质问宋教仁："此次同盟会合并，何以不知会女会员，擅由一般男会员做主？且合并之后，何以擅将党纲中男女平权一条删去？显系蔑视女会员，独行专断！"并声明"此等合并，吾辈女会员决不承认"。此后同盟会再开会议，就不得不通知女会员参加。

8月13日，在同盟会召开的本部会议上，唐群英对删去"男女平权"一条极为不满。她说："如果去掉男女平权，去迎合他党，我就反对与他党合并。"王昌国也沉痛地指出：同盟会改组"变更政纲，以求利禄，既负革命死难之烈士，今又复消除男女平权，竟将女界捐资助饷之义抛之九霄，陷女界永受专制，殊堪痛恨！"8月25日，在国民党成立大会上宣布新党章时，仍然没有男女平权的内容，为此，女会员们再次提出强烈抗议。唐群英被众多女会员簇拥到主席台前，质问宋教仁："国民党政纲中删除男女平等（权）一条，实为蔑视女界，亦即丧失同盟会旧有之精神，因而要向女界道歉，并于政纲中加入男女平权内容。"面对宋教仁沉默冷酷的表情，唐群英愤怒难忍，禁不住动手打了宋一记耳光。林森想出面调解，未待开口，也挨了一下。会场轰动，女会员高呼："打得好！打得好！打落了大男子主义的威风！"然后，全体女会员愤然离场，以示抗议。会后，女子参政同盟会起草《驳诘同盟会传单》，抨击宋教仁等。8月27日，唐群英与沈佩贞谒见孙中山，面陈专函，请求孙中山对"力争男女平权"的斗争继续给予支持，并请他出面纠正抛弃男女平权的错误。与大多数革命党人的态度相反，孙中山始终"赞成女子有参政权"。女子参政活动发起时，他就明确地表示："中华女子有完全参政权。"孙中山的支持，有力地推动了女子参政运动的发展。但是，随着革命党人政治上日趋妥协，孙中山也"爱莫能助"，对唐群英等反对同盟会抛弃"男女平权"的斗争，他也感到"事实上之困难"。在回复唐群英等女同盟会员的信函中说："党纲删去男女平权之条，乃多数男人之公意，非少数可能挽回，君等专以一二理事人为难，无益也。"还劝她们："今日女界宜专由女子发起女子之团体，提倡教育，使女界知识普及，力量乃宏，然后始可与男子争权，则必能得胜也。"孙中山的这封复信，为女界继续争取平权的斗争，进一步指明了方向。

投身女子教育，反对袁世凯独裁统治

面对复杂多变的政治形势，唐群英冷静地进行思考后，决定暂时放弃党内的女权之争。她又分别拜会宋教仁和林森，主动检讨一记耳光的失礼之举。宋、林也自疚未能及时与女界沟通，承担责任，于是迅速协调一致，共同商讨对付袁世凯专制独裁的办法。唐群英深刻感受到，数千年的封建统治，女子没有受教育的权利，女界现在参政的程度不够，也是可以理解的。女子暂且不与男子争被选举权，但是选举的权利，还是应该有的，因为"无选举资格，便是无人权"，如果想要达到完全参政的目的，"一件是要有参政的知识，一件是有独立生活的能力，而这两件事必须从教育上着手"。基于这个认识，她一方面积极创办"中央女学校"和"女子工艺厂"，一方面抓紧筹办《女子白话报》，旨在提高女界的参政意识和提供发表议论的舆论阵地。为了从组织上加强对运动的领导，女子参政同盟会于 10 月 20 日在北京成立本部，唐群英被举为本部总理，继识一、王昌国为协理。次日，《女子白话旬报》第一期正式出版（后仍改为《女子白话报》），后又相继创办《亚东丛报》《女权日报》，恢复停刊已久的《神州女报》，以扩大宣传。

11 月，经过女子参政同盟会的连续斗争，参议院被迫召开大会，商讨关于女子选举权的问题。会上，有的说"约法只大总统有交复议之大权，若是复议，便是以大总统的大权交给了女界"；有的说"请愿书的内容有许多侮辱参议院的话，万万不能讨论"。结果，未经讨论，《女子选举法》法案就被否决了。

　　参议院的态度，进一步激化了与女子参政同盟会的矛盾。女子参政同盟会公开宣称参议院为"女界公敌"，必须报以"激烈的手段"。12月9日，在与议长吴景濂的辩论中，唐群英声色俱厉地说："当民军起义时代，女子担任秘密侦探，组织炸弹队，种种危险，女子等牺牲性命财产与男子同功，何以革命成功，竟弃女子于不顾！"声称："凡反对女子参政权者，将来必有最后之对待办法，即袁大总统不赞成女子有参政权，亦必不承认袁为大总统。"她进而表示："将来中华民国之民法，凡关于女子之权利，若不采用德国制，女子等必用武力解决此问题。"这令袁世凯非常恼火，把唐群英视为眼中钉。

　　袁世凯为了进一步加强专制独裁统治，继1913年3月谋害宋教仁之后，紧接着于4月宣布解散国民党，又于11月13日责令内务部以"法律无允许明文"的"罪名"，勒令取缔女子参政同盟会，悬赏一万元通缉唐群英。此后，除唐群英领导的女盟湖南支部仍坚持女权斗争以外，全国性的女子参政运动基本上都停了下来。

高举妇女解放运动大旗的"一代女魂"

　　唐群英在整个要求参政的活动中，斗志坚决却也较为冷静。她在《女子参政同盟会代表唐群英宣言书》中，从约法、现行法、国家社会和现今世界趋势等四个方面详细论说"不能不争持之理由"，奔走呼号，不惮烦劳。她还再三强调："无论男女，一切平等""法律自由，共同享有，男子所得，女亦宜然""女界应以取得女权为天职""故身可杀，此心不可死；头可断，此权不可亡""今'因女界程度幼稚，事实上暂难达参政之目的'，虽'理想上有莫大之希望，事实上未免有暂时之让步'，但只要'我辈诚能同心一志，充足实力，不患不有夺回我女权之一日'"。此后，唐群英倾尽全力，致力于女子教育，继在北京创办

"中央女学校"之后，又先后在长沙、衡山等地创办了9所女子学校，旨在唤起女界的觉醒，普及女子知识，为而后女子争取参政打下基础。

在我国，虽然也有过像吕后、武则天那样不平凡的女性，在历次农民起义中也涌现出过陈硕真、王聪儿等妇女领袖，但那毕竟只是展现个人才能的个别女性，丝毫没有改变妇女的整体地位。秋瑾虽然有强烈的女权意识，斗争意志也很坚决，但她未能实现自己的愿望就过早地牺牲了，妇女运动仍是一片空白。是唐群英勇敢地举起为妇女争平权的大旗，通过坚持不懈的抗争取得了斗争成果。这是对辛亥革命不彻底性的一种抗争，不仅首开中国近代妇女依靠自身力量组织领导妇女解放运动之先河，在世界妇女运动史上也占有重要地位。继法国、英国、美国、德国等欧美国家之后，中国成为第12个发起女子参政运动的国家，这比俄国、加拿大早6年，比日本早10年。世人对我国历史上的这次女子参政运动，叹为"五千年来女权之曙光""中国妇女运动的第一声"。它也引起世界女权运动组织的注目，被赞为"在东方作第一声惊人之鸣！"万国女子参政会会长、美国嘉德夫人就赞赏地说："以中国女界程度之高尚，性情之诚挚，为欧美人所佩服，将来女子参政之成就，必以中华为最完美。"

民国初年唐群英领导的那场震惊中外的女子参政运动虽然失败了，但它对当时妇女的思想解放产生了强烈的震醒作用，为以后妇女解放运动的延续奠定了思想基础，有着重要的历史意义。唐群英早年两渡日本，寻求救国之道，回国后组织过花石起义，又参与攻克南京之役，是名震一时的"双枪女将"，"二等嘉禾章"获得者。她不仅是"辛亥革命功臣"（周铁农语），"创立民国的巾帼英雄"（孙中山语），而且是一位"辛亥革命妇女中很突出的代表人物"（黄启璪语），为"争取参政"的一位"很知名的女界英雄"（邓颖超语），颇具影响的女报人、女子教育家和"南社"著名女诗人，英勇的"女权斗士"（陈立夫语），更是高举妇女解放运动大旗的"一代女魂"（康克清语）。1937年6月3日，唐群英在故乡衡山病逝，享年66岁。

唐群英离开我们已整整75年了。今天，当我们回首100年前中国妇女解放运动所取得巨大成就的时候，当我们庆幸妇女取得平等权利和参政地位的时候，我们不能忘记唐群英和她的战友们为探索妇女解放道路所作出的种种牺牲和重大贡献。

忆四叔"左联"诗人殷夫

徐振飞 口述　冯心　程新民 整理

　　我的祖籍在浙江省象山县城北偏东方向 40 华里的大徐村，这是一个风光秀丽、民风淳朴的沿海小镇。我的四叔——诗人殷夫（原名徐白，又名白莽——编者注）1910 年端午节就出生在这里。按当地的习俗讲，这天生的人聪明、喜文。

　　我的祖父名忠镛，字孔甫，是这一带有名的中医先生。他悬壶济世，用自己精湛纯熟的医术造福于乡民，在当地有很好的口碑。他膝下有四男二女，排行如下：大女名祝三；大儿名孝瑞，字芝庭，也叫培根；二儿名孝祥，字兰庭；三儿名孝榜，字松庭，也叫文达，即我的父亲；二女名素韵；四儿名孝杰，字柏庭，也就是殷夫。

　　在男孩中，我父亲行三，殷夫行四，所以我一直称他四叔。在我儿时的记忆中，父母从未向我提过四叔，或许是因为我当时太小还不明事理的缘故。只记得解放前，家中墙壁上的一个小圆镜框里镶有四叔的照片，父母当时说这是过世的三舅，我也一直认为是娘家的三舅。后来我大姐上中学读到了鲁迅先生的《为了忘却的纪念》，文中有大伯徐培根的名字，我朦朦胧胧地感到这或许与我们的家庭有某种关联。回来几次向父母打听，才知道相框中的"三舅"其实是四叔殷夫。

我的祖父虽然是位中医先生，但很有远见，他懂得文化知识是人类走向进步的阶梯这个道理，所以含辛茹苦地叫孩子们读书成才。也正因为如此，我的大伯、二伯、父亲、小姑妈、四叔，他们都受过良好的教育，我的大伯还远去德国留学，因此能在旧政权中任职。

我是四叔遇难七年后出生的，有关四叔的情况是从我父母和大姑妈处听到的。

我的大姑妈徐祝三，曾是县政协委员，活到102岁才去世。据大姑妈讲，她长四叔18岁，四叔小时候就是她带大的。幼年时的四叔十分聪明，记性很好，是家中、邻里都很喜欢的孩子，五六岁就能背诵唐诗宋词，在小学时，他的多篇文章经常被老师当作范文在学生们中间宣读。他个性很强，平时说话不多，但遇事很有主见，想做的事只要认准了就尽力去做，绝不半途而废。也正因为如此，祖母知道了他在上海从事革命活动后，只对他说了一句："一切你自己小心就是了！"

1920年秋天，四叔去象山县城（丹城）高小读书。校长仇水心先生的进步思想当时对学生的影响很大。受这种进步思想影响，四叔殷夫积极参加反日宣传活动，经常上街游行、书写标语口号等。

1924年秋天，四叔离开象山去上海求学，开始独自闯荡世界。上海这个十里洋场，既是冒险家的乐园，又是一座具有反帝反封建传统的城市，这里孕育着革命，也孕育着反革命，孕育着光明，同时也孕育着黑暗和罪恶。四叔先是在民生中学读书，后又转到浦东中学。那时祖父已经去世，他的部分资金是靠大伯徐培根供助的，那时大伯已是南京政府的高级官员。在浦东中学，四叔接触了马克思主义和党的秘密组织。后来，由于他散布对当局的不满，被特务告密而被捕，险些被枪杀，由于大伯的搭救才幸免于难。

1928 年，四叔入同济大学。这期间，他开始给"太阳社"写稿，不久便成了"太阳社"的成员。这是一个进步的文学团体。第二年，他离开同济大学，专门从事党的青年团工作，因组织上海丝厂工人罢工，第三次被捕。这次他没有告知大伯，而是靠自己的斗争和努力出狱。那时，革命者的生活是极其艰苦、多难的，四叔在上海的六七年间一直过着颠沛流离的生活，饥饿困苦、居无定所、血腥恐怖时时围绕着他，这期间他还几次回老家躲避失业、追捕的困扰。这些在他写给小姑妈的信中可以略见一二："夏天还穿着一件蓝色爱国布大衫，身上一分钱也没有，皮鞋上补着补丁，有时一天只吃一顿饭。"

鲁迅先生是 20 世纪 30 年代"左联"的领军人物。1929 年前后，四叔翻译了几首德文版的匈牙利诗人裴多菲的诗歌，其中一首就是那首很有名的"生命诚可贵，爱情价更高"，寄给了《奔流》月刊。鲁迅先生学过德文，他收到稿件后，怕与原文有出入，就写信叫我四叔邮去原文，我四叔怕有失礼貌就直接送了过去，这样就与鲁迅先生有了交往，直接接受了鲁迅先生的言传身教。他称鲁迅为"大先生"，鲁迅也很器重四叔，后来他们共同参加"左联"成立大会，鲁迅的文章中有《为了忘却的纪念》《中国无产阶级革命文学和前驱的血》等五篇文章都直接提到了我四叔，并为他的诗集作序。正如鲁迅先生自己所讲："在五位青年中，最熟的就算是白莽了。"在我四叔遇难后，鲁迅先生愤怒地指出"他们的血能唤醒更多民众的觉醒！"

说来很有意思，四叔信仰的是共产主义，他斗争的目标是国民党反动派，而在家庭中，他的三个哥哥和一个姐姐却都是国民党人（小姑妈是地下党），而他的大哥徐培根还是国民党的高级官员，并对他有过多次帮助。从感情上讲，他是爱戴和尊重哥哥们的。但是信仰是至高无上的，信仰不能代替情感，不能有丝毫的混淆，因此他与哥哥所走的路是截然不同的。四叔一直坚信自己立场的正确，这一点，从他的诗篇《别了，哥哥》中就可以看出，也算是给了哥哥们一个明确的回答。

1931年1月17日，四叔与"左联"的柔石、胡也频、李伟森、冯铿等在东方旅馆召开秘密会议，不幸被早已盯梢的国民党当局抓捕，20天后被秘密枪杀。当时报纸上没敢公开刊登消息，到了5月以后，一些报纸才含糊地报道了此事。据我的父亲讲，其实当时他们很快就从内部得到了消息，但没有被允许去埋葬。这事也一直瞒着祖母，怕她老人家承受不了这个打击。所以，直到1941年祖母去世前，她还叮嘱大姑妈徐祝三"把那箱书和大砚台管好，等柏庭回来交给他。"

四叔牺牲前，在狱中，他的心情是平静的，他以一个革命者大无畏的姿态同反动派当局做了针锋相对的斗争。柔石在遇害前13天写给友人的信中也提到，他正跟四叔学习德语。

四叔除了在报刊上发表诗文外，还写了不少的评论、纪闻等文章。因上海条件所限，他怕丢失这些珍贵的手稿及书籍、刊物、书信，就带回老家交给小姑妈保管。在他们兄妹中，小姑妈与四叔关系最好。小姑妈在杭州省立女子蚕桑学校读书时，就参加了进步组织，闹学潮，组织进步活动，反抗国民党当局，毕业后回象山老家任县女子小学校长，依旧从事党的地下工作。我四叔的几位同济大学的学生党员，由于敌人抓捕不能在上海站住脚，就通过我四叔以在象山女校当老师作为掩护。

小姑妈为保存这些手稿付出了艰辛的代价，她是冒着生命危险在珍藏四叔的这些文稿。当时由于时局动荡，象山沦陷，这批资料不得不转移隐藏，几经转移后放在一个山洞中，怕不安全，又搬到象山东门黄家桥畔，后又转移到大徐村老家。每次转移，小姑妈都亲自看管。解放后，小姑妈的儿子马瞻把它交给了政府，包括 1929 年 6 月 25 日鲁迅写给白莽的一封信。1956 年，信被交给北京人民文学出版社，经过考证、核实，收入到了《鲁迅全集》书信卷中。

经叔平与抗日杂志《直言评论》

———

绡　红

　　《直言评论》是本英文的抗日杂志——CANDID COMMENT，1938 年
9 月 1 日在孤岛上海创刊，和它的中文姐妹版《自由谭》同时出版。它
们是由因"八·一三"的重创破产了的上海时代图书公司的主人邵洵美
和美国作家项美丽（Emily Hahn）合作创办的。那时虽然在租界，但日
伪势力已然逐步渗入，迫于当时形势，为安全计，两份杂志的编辑者与
发行者都由美国人项美丽具名；编辑部就隐蔽在项美丽的家——霞飞路
（现淮海中路宛平路口）的一栋小洋楼里。《自由谭》的编辑工作完全
由家父邵洵美一人担当（战前他编辑幽默杂志《论语》半月刊的助手
林达祖一度帮过忙）。《直言评论》的编辑工作由两个半人完成——项
美丽任主编，邵洵美协助，那半个助手则是一位圣约翰大学的在校生、
邵洵美的小弟弟的同学经叔平。

　　1990 年，我首次看到《直言评论》的复印件，那是项美丽托她的
朋友从美国邮寄来的。项美丽杳无音讯四十载，我竟然在董鼎文的一篇
文章里获悉她的行踪——她一直是《纽约人》杂志社的专栏编辑。得知

我们的情况后，寄来的第一本赠书是她 1988 年再版的畅销书 CHINA TO ME（《中国与我》）。那本半自传性小说详述了她在中国五年里的种种遭遇。我特别对她和家父在文学事业上的合作感兴趣，尤其是这份英文的抗日杂志《直言评论》。它的重现，使我对中国的抗日战争有了较完整的了解，也具体地补充了我父亲抗日期间活动的资料。哥哥从上海来南京度中秋，看到这份刊物，忆起当年父亲叫 11 岁的他帮着描画《自由谭》里文章的题花。是他告诉我，那时帮助父亲编《直言评论》的有个年轻人，就是今年 9 月 14 日辞世的曾任全国政协副主席的经叔平。

为满足我的好奇，项美丽请专门收藏她的手稿和作品的朋友复印了《直言评论》（CANDID COMMENT）的第一至第七期的目录和第三期的全文寄给我。1995 年，她邀请我去纽约曼哈顿参加她九十大寿的祝寿聚会。我在她府上小住期间，询问她关于这本刊物的事情。她忆起帮助他们编辑的年轻人——Mr. King（经先生），说他主要是做些打字、校对工作，好像也发表过文章……

因为我曾经在圣玛利亚女中读过一年，作为女中的校友，和圣约翰大学的校友时相往来。1997 年 5 月我到上海参加全国圣约翰大学校友会的活动，在晚餐的聚会上，我第一次见到高高瘦瘦的经叔平先生。知道我是邵洵美的女儿后，他十分关心地问我："你们家里现在怎么样啊？许多年没有你爸爸的消息，我一直很担心。"我说起又见到过项美丽，也看到那份英文的抗日杂志 CANDID COMMENT，上面有他翻译的一篇文章。他非常高兴地说："是吗？好像还有一篇，记不得写些什么了。"

在这份刊物的第一期，我读到 K. S. B.（即经叔平）翻译的《战时的苏州》（SOOCHOW IN WAR TIME），原作者是 Ta Tsu。第二期上面也有经叔平的文章，题目是《丝绸皇后》（QUEEN SILK），讲的是丝绸技术在中国发展的历史，以及如何推广到西欧，最后，他以牛郎织女的美丽神话结尾。这份《直言评论》的内容除了项美丽的拉拉杂杂的编辑谈话，有个正反两方的专题辩论栏目之外，有大量抗日的文章、漫画、木刻、图片和记录日军在中国领土轰炸破坏等侵略行径的照片等；还包括国共双方正规军和游击队的信息；也有陕甘宁边区和苏联的介绍；为增加中外文化交流，刊物里穿插一些中国的历史、文化的内容，也有一些外国朋友的稿件；最重要的是，这份杂志连载了毛泽东的《论持久战》的译文。毛泽东刚刚在延安发表这篇文章，杨刚受命隐居在项美丽家翻译，邵洵美和项美丽帮助完稿，并协助地下党出版发行单行本。

这份杂志和它的中文版一样是大开本，每期有五六十页。靠经叔平一人从打字到校对，工作量是相当大的，何况他还有学业，是利用课余时间来完成的，可以想见那时他十分辛苦和紧张。1938 年，他 20 岁，一个教会学校新闻系的学生，毫无畏惧地投身抗日工作，是其爱国热情使然，也是学校的教诲——Light and Truth（光明与真理），他学而致用。经叔平先生年轻时在孤岛不为人知的这段抗日经历，不应当仅仅是我一人铭记在心；这段重要的经历应当写入他的简历中，公诸众人。

爱国教授陈潜夫

廖友陶

天安门断指反帝

陈潜夫，原名绍陶，又名甫霖，后于外出求学时，改用"潜夫"的
名字。1892 年 9 月 21 日出生于嘉定府（今乐山市）平兴乡陈坝。少年
时期他在陈坝读私塾，于 1905 年到嘉定府城进入"草堂寺高等小学
堂"，与郭沫若为同学。

陈潜夫幼年读书，常有独立见解。在家乡私塾读书时，国文教师有
一次出的作文题为《马、牛、羊优劣说》。不少同学都说马、牛优于羊。
马能拉车，牛力大，能耕田；羊无用，只有养来吃肉。陈潜夫却说：
"羊优于马、牛，羊毛能做笔，用笔写文章，安邦定国平天下，羊的功
劳大多了。"对这篇作文，教师评了 120 分，说："见识高远，不同一
般，颇见新意，将来成就，未可限量。"老师的鼓励、专门的指点和培
养，对陈潜夫后来的学习和生活道路有很大影响。

1912 年，陈潜夫至成都，先住成都共和大学，后同郭沫若一道去日本留学。陈潜夫读早稻田大学（政治经济学院）与东京农业大学。在求学过程中，他于 1915 年参加了孙中山组织的国民党。

从日本归国后，陈潜夫应成都高等商科学校之邀，在该校教授日文；1921 年，又到南京东吴大学任统计教材编辑及教授；后由李大钊介绍到北京大学任教授，教授政治经济学；后又任北京女子师范大学的教授。当蔡元培、张伯苓、黄炎培、马寅初、刘海粟等组建"中华教育改进社"不久，陈潜夫也参加了。1924 年 7 月 4 日至 8 日，这个社在南京召开第三届年会时，陈潜夫与张伯苓、黄炎培、刘海粟（美术组主席）、陶行知（董事会主任干事）、方毅（国语教学组代书记）、邓萃英、郑贞文、余家菊、汪懋祖、孙恩元、左舜生、陈启天等一同出席会议，还被选为教育行政组书记。在会上，陈潜夫等提出了两个议案：（一）请求力谋回收教育权案；（二）无中国国籍者不得在中华民国土地上对中国人民施行国民教育案，均获通过。

这期间，陈潜夫在李大钊的影响下，还深入调查过工人运动，常同人力车夫和其他工人来往，有时还同工人同吃住。有几次，遇上反动政府的侦探跟踪，陈潜夫不知，但是车夫认识这些人，用车拉他穿胡同转弯飞跑，帮他甩掉"尾巴"。

1925 年，英、日帝国主义在上海杀我同胞，酿成"五卅惨案"。血信传到北京，激起了爱国的抗争怒潮。6 月 10 日，各界市民在天安门召开国民大会。满街的与会群众，臂围黑纱、胸佩白徽，悲愤激越，怒涛汹涌。会场共搭有五个演说台，每个台前，上挂白布横幅，大书"北京各界对英日帝国主义惨杀同胞雪耻大会"，左右张贴北京各校沪案后援会的"泣血书"、京师总商会的"抵制英日，经济绝交，惨杀同胞，誓死力争"的长幅标语。参加大会的爱国团体有救国团、总商会、工会、农会、中华教育改进社、人力车夫工会、印刷工会、京汉铁路工会等157个团体和大、中、小学等计20多万人。

午后1时，群众推选北京市民代表李石曾、女界代表刘清扬为中台主席。李石曾主席宣布开会后，报告开会宗旨；刘清扬说明筹备经过；上海工界代表孙孚窬声泪俱下地报告英、日巡捕惨杀我同胞的经过。群众一再高呼口号："为工界同胞报仇！报仇！"中华教育改进社代表陈潜夫在中台讲话。他慷慨激昂，要求国人坚持反帝，不要"五分钟热情"，不要"一盘散沙"。说到激愤难忍处，潜夫抽出利刃把左手第四指前两节砍断，在白布上血书"誓死救国"四字。不久，又血书"愿同胞猛省，勿存'五分钟热心'，陈潜夫断指泣告"等字。当时陈潜夫左手血流如注，面色惨白，仍大呼"救国"不止。终因流血过多，演说未完他便晕倒在地。台下有女生哭泣失声，群众悲愤洒泪高呼："若不坚持到底，对不起上海惨死同胞，也对不起今天的断指壮士！"

会后，10多万人冒雨游行示威，坚持到执政府请愿。沿途，许多人都以陈潜夫断指反帝精神互勉互励。

陈潜夫晕倒后，由民国大学校长雷殷等扶下演说台，清醒后他还一直坚持要同群众一起去执政府请愿。因其流血太多，不宜长途走动，众人一再劝慰，才将他强送进协和医院，由女子师范大学学生鲍士彦等日夜看护、陪伴。北京各界中外人士纷纷到医院慰问。

11日午后2时，北京市学联54校代表在师大开会，决议派二中、三中、求实三校代表赴医院慰问陈潜夫、丁文安、李良韬等诸君。陈潜夫的断指，由学联保存，并轮流送各校传观。从此，陈潜夫成了北京市和全国闻名的爱国主义者，他的壮举受到全国舆论赞誉，北京《晨报》《世界日报》、上海《申报》《大公报》《民国日报》《东方杂志》都连续报道、评论，特别是6月11日的《世界日报》还专列标题《陈潜夫断指雪仇》及《陈潜夫之血书》，并全文刊载了潜夫事先写好的演说稿。文曰：

数十年来吾国备受外人侮辱。侨外同胞，既不与非洲"黑奴"同等待遇（黑种人尚可任意通行，旅外同胞，则有时不准登陆），而潜居乡里者，又复时受欺凌。乃□□各地同胞，更遭英日人之惨杀。埃及、犹太之亡国民，尚得安居篱下，不谓主权尚存之中华民国，反生不能安，死不得所！同胞乎，我最亲爱之五大族同胞乎，其忍袖手旁观，其能坐以待毙耶？否则宜速起共谋所以自救之道。今谨指血书，以告我最亲爱之同胞曰：潜夫自今以后，"誓死救国"，外侮未去，决不偷生。愿同胞共起图之，无任盼焉。四川人陈潜夫泣告。

陈潜夫带血的泣诉，撼人心脾，更加促进了北京市和全国人民的反帝斗争运动，成为新民主主义革命史上"五卅运动"中震动人心的一页。

义勇军出川抗日

陈潜夫出院后，应冯玉祥将军邀约，远走甘肃，主持平民教育。1926 年 7 月，国民革命军正式出师北伐。陈潜夫闻讯，立刻南下到国民革命军政治部任宣传股股长。

1927 年蒋介石发动"四·一二"政变时，陈潜夫在武汉因不满蒋介石玩弄政治权术，愤而离开军政界，并誓不为官，决心致力于文教事业。他于 1928 年辗转至北京，任教于北京师范大学。后来，他又抵上海，由许德珩介绍到暨南大学任教授。

1931 年 1 月，陈潜夫的母亲去世，他奔丧回川。到成都后，经人介绍，陈潜夫开始在"中山大学"（后改"尚志学院"）任教。也就在这一年，日本帝国主义在东北制造了"九·一八"事变，侵吞了我国的大片领土。事变发生后，陈潜夫与新婚妻子杨逸邨及"尚志学院"的同学们一起，积极开展抗日运动，组织集会和游行示威，号召民众抵制日货。这期间，陈潜夫教授在讲课时，也常举他在日本受辱的事例，愤激痛述殖民地人民之惨苦悲戚的情景。有一次，他作了长篇时事演讲，分析中、日两国政治、经济、外交、地理、文化、科学、教育、军事等的历史和现状，断言日本占我东北之后，必不满足而止步。他还进而引用大量的外交条约、政府函电、各国报刊，分析阻止日本侵略的各种力量，指出依赖"国际联盟"纯属幻想，而国民政府妥协求和，更不可靠；欲免危亡，当务之急是组织一批觉醒的义勇之士，用自己的血肉去敢死，唤醒酣睡之民众，从而迫使政府出兵抗日，以中国之自强取得国际地位。他说："人生一世，终有一死，当死于保国家安全，图民族生存，谋世界和平，申人类正义。一人舍死，万夫莫当，四万万同胞皆能舍身救国，何愁中国不胜?"陈教授两小时的演讲，对学生影响巨大。杨逸邨在半个多世纪后还回忆说，这一次演讲雄辩激昂，她做了详细的笔记，当夜和同学通宵议论，诵岳飞《满江红》辞，下定了要参加"敢死队"的决心。后来，同学们经过整理，把这次演讲的主要内容印成传单，发到校内外，引起了较大的社会反响。

陈潜夫当时还与成都市各界民众反日救亡团体合并组成的"四川抗日救国大会"联系，组建了"四川义勇军总监部"，积极进行组建"抗日义勇军敢死队"。

1932年，日本帝国主义进攻上海后不久，"抗日救国义勇军敢死队成都第一队"于2月18日正式成立。全体队员一致推选陈潜夫担任队长，并通过了敢死队公约、宣言和誓词，规定了吸收队员的条件。队员中有教员、职员、工人、学生，共 27 人。队员都是经过反复挑选才批准参加的，其中多数有军政经验，包括黄埔军校毕业生。当天午后 1 时，在省农会举行授旗典礼，由陈书农市长授旗授印，陈潜夫队长受旗受印，并领导全队宣读誓词："予谨以至诚，接受本军一切主张，绝对服从命令，誓死救国，歼灭倭寇，如有违背誓言，愿受极刑。此誓。"

当地政府官员最初不支持敢死队。为争取抗日的合法地位，陈潜夫选定了对成都军政界上层做工作。一天，他去找川军饶辙韬师长交谈。他们本是乐山同乡，叙完乡情后，陈对饶讲述了国难当头、成立"敢死队"欲誓死抗日救国的情况后，饶不断点头称是，随即叫勤务兵送几封大洋给"敢死队"，作活动经费。二十四军刘文辉的老师杨相臣同陈潜夫友好，陈潜夫通过杨与刘文辉联系，刘文辉便给陈潜夫二十四军军部顾问的名义，以表支持。得到这些支持后，敢死队出川抗日的活动才逐渐顺利一些。在敢死队正式建队后，四川军政各界上层人士不顾蒋介石、汪精卫的国民党中央党部和国民政府的禁令，竟公开支持抗日救国，实属难得。

当时，日军大举进攻上海，十九路军奋起抵抗。战斗愈演愈烈，日方空军和海军陆战队增援达三四十万之众，十倍于我军兵力，飞机、兵舰、大炮等武器亦比较精良；而十九路军却得不到蒋介石的增援，孤军苦战。敢死队员每天争看战报，心急如火，恨不能飞到前线，杀灭日贼！

两组敢死队员 18 人中有 3 名女兵：杨逸邨、陈仲柏、石如金。杨逸邨和陈仲柏是射洪人，是"尚志学院"政治经济系同学，杨逸邨参加武装，陈仲柏和石如金任看护。她们都穿灰军服，打黑裹腿，左臂戴黑纱，象征对国土沦丧、同胞惨死的悲伤；黑纱上有"誓死救国"四个白字，像雪亮的利刃；黄布挎包上绣着通红的"勿忘九一八"五个大字。

2 月 20 日，抗日义勇军敢死队成都第一队终于起程出征。成都市各界 1 万多人在少城公园（今人民公园）体育场举行盛大的欢送会。陈潜夫队长致答词时激昂地说："……亡国奴命运悲惨，不自由，毋宁死！"语言慷慨悲壮，激动人心。他又咬破手指，在一块白布上血书："倭寇不灭，誓不回川！"陈潜夫的行动，把群众的爱国热情推向了高潮。

在"敢死队"出川抗日的长途行军中，陈潜夫教授对队员十分关心，鼓励大家克服困难，坚持斗争，使队伍顺利到达了前线。"敢死队"过徐州时，听车站上的士兵说"冯总司令在养病"，遂派代表前去探望。冯玉祥将军在病榻前亲笔题词："为民族争人格的主人们：你们真是有良心，有志气，有血性，有硬骨的先锋啊！敬佩之至！冯玉祥于徐州病院。"

"敢死队"走了一个多月，每到一地，群众都热烈欢迎，但不少地方官府却冷眼相看。队伍于 2 月 26 日到达重庆时，官府竟明令不准入城，经陈潜夫教授反复交涉，才予放行，分住在男女学校中。"敢死队"与民众团体联系上后，各爱国组织纷纷来到驻地，赠送"努力杀敌"缎旗等，深情慰勉。几天后，储材学校集队欢送"敢死队"上船，并高呼："敢死队是打倒帝国主义的健儿！""敢死队是革命先锋！"

"敢死队"开赴前线

3 月底，"敢死队"到达南京，向党政军机关报到。国民党首都卫戍司令部却突然下令："顷有自称'义勇军敢死队'代表，向本部肆意要求。查此种团体，本部迭经取缔在案。仰即派得力士兵多名，勒令明日午前十二点钟出境，驱逐离都，违则拘押……"陈潜夫教授连夜四处联络，次日率领全队到国民党中央党部留南京办事处，向张道藩主任据理力争，张同意具函介绍"敢死队"到十九路军参战。军政部又称：为执行行政院取缔义勇军命令，不接受"敢死队"名义，只允许个别介绍工作。陈潜夫教授说："我们之来，代表四川省抗日民众，就是为着'义勇军敢死队'这个名义而来的，名义取消了，我们到底为着什么来的？岂不是为着军政部给我们介绍工作而来吗？如果军政部要我们取消名义，最好明白解散取缔我们，宣布我们爱国犯了罪，押送回川去！"几经周折，军政部才表示：原谅"敢死队"远在成都，出发时不知道行政院取缔义勇军的命令，可以例外派往十九路军。

"敢死队"到达前线时，十九路军已退守第二道防线，待命听候政府和日方谈判。陈教授接洽回队后，兴奋地告诉大家："军部把我们派到一五六旅，听其节制指挥。旅长系以孤军死守吴淞的翁照垣将军，有谋略，胆识过人，曾留学日本学军事，又赴法学过航空，并到英、德、意诸国考察过航空，是精通飞行的飞将军。""敢死队"整队谒见翁旅长时，翁说："救国全靠有觉悟的国民。不过以你们这般知识比较健全而缺乏军事训练的青年去牺牲，也是国家顶大的损失。诸位且宜忍耐，我总有可以令各位圆满达到各人所抱满腔热望的机会。现在，先加强训练自己，增加军事知识，造成抗日的劲旅！……"

陈潜夫教授被分在旅部，任政治指导和参谋。他曾提出许多改进部队的意见，受到多数官兵的拥戴和信任。

"义勇军敢死队"在前线过了两个月，由于蒋介石对日妥协投降，5月5日签订了《淞沪停战协定》，断送了十九路军的抗战成果，蔡廷锴等率十九路军远调福建，来自各地的义勇军全被遣散。"敢死队"队员遂于6月去苏州，参加抗日阵亡将士追悼大会，哭祭英灵。

陈潜夫教授和杨逸邨不愿偷生回川，便暂留上海，待机抗日。不久，陈教授在上海渔业管理委员会找到文书工作谋生。陈仲柏、石如金随军去福建，其余男队员，由政治指导员兼文书徐获权带领回川。"抗日义勇军敢死队成都第一队"进军抗日的盛举虽然暂告结束，但在四川人民和全国人民心目中却留下了不可磨灭的印象。这是四川人民最早的武装出川抗日活动，当时的《川报》《国民公报》等都做过较详细的报道。

创办"西南文化供应社"

1933 年，陈潜夫应实业部聘请，到南京担任中央农业实验所文书主任。由于他在东京农业大学学习过专业，与所内专家相处又很好，不少专家日后都成了他筹办"西南文化供应社"的发起人。这期间，他同国民党内改组派的人物比较接近。

1937 年 7 月 7 日，抗日战争全面爆发。8 日，中共中央发表抗战宣言，提出国共合作抗日的口号。在中共抗日民族统一战线政策和全国军民抗日怒潮推动下，国民党政府被迫宣布抗战。15 日，南京组成了"首都各界抗敌后援会"，电慰二十九军，并致电全国"一致抗敌"。19 日，南京文化界筹组抗敌后援会，公推田汉等 29 人为大会筹备委员，电请"迅派大军抗敌"。22 日，《中央日报》报道："该会现拟扩大组织，凡属首都各后援团体，将予合并，办理宣传、运输、救护、劝募等各项业务。"这期间，陈教授也参加了"抗敌后援会"的工作。

八九月间，日机轰炸南京。当时，陈教授的老父正来探亲，很感惊恐。南京全市调兵防空，气氛紧张。陈教授要杨逸邨带着子女送老父回川，自己一人留下，坚持抗日。逸邨不肯，她说："我们五年前组织'义勇军敢死队'出川抗日，成都和全川父老欢送，现在我绝不逃难生还。我和你一起与日本鬼子拼了，死也光荣。"陈教授说："你刚生孩子，不能杀敌，父亲快满 70 岁了，三个孩子小的不到半岁，他们不能都枉死。你替我尽孝和抚育子女成人，我也替你尽忠抗日。"并说自己参加了"抗敌后援会",要去搞日本的情报,计划剃头化装,混进日本兵营,探听日军军情。逸邨坚决阻止,说:"这太冒险!日本人一发现,就完了!"陈教授说:"我日语讲得好,不会暴露的。"逸邨不同意,但是陈教授坚决要为抗日牺牲,最后,才答应不去冒险,只收集日方广播、报刊、文件资料,整理成可供我方使用的情报。当天夜间,陈教授又把逸邨灌醉,第二天一早就送他们上了船,直看到轮船起航才离去。逸邨酒醒后,已无可奈何,只得带老小回川,到故乡射洪去了。

12 月 13 日,南京失守,政府机关、企业、社会团体撤退疏散。1938 年 3 月,陈潜夫教授辗转回到四川。

1943 年初冬,冯玉祥将军长途宣传抗日,募捐救国,到了乐山。陈潜夫教授和地方政府、团体的代表一道迎接。会见后,冯玉祥同陈教授交谈,提起抗日"义勇军敢死队"路过徐州的往事,大家都非常感慨。

抗日战争胜利后,陈教授不愿久憋在老家,想出外搞教育工作。这期间,他常同郭沫若商讨发展故乡文化事业的问题。他曾对杨逸邨说:"沫若兄对家乡有感情,主张我在四川乐山先干,再扩大到滇黔康藏各省。搞识字扫盲,乡村教育,平民教育,将来办个'西南学院'。原拟取名'西南教育改进社',沫若主张用'西南文化供应社'之名,可办学校、书店、出版、印刷,办报纸、刊物,普及文化,可赚钱自给。万一政府不给钱,也能自己干。"后来,杨逸邨就看见过陈潜夫的一个本子上,有郭沫若写的一些建议。

1948 年,陈潜夫联络了文教、军政、工商各界知名人士,包括后来在祖国大陆和台湾地区都很有名望的人士,创办了"西南文化供应社"。例如解放后在人民政府工作的高级干部、各民主党派领导、全国人大代表、全国政协委员郭沫若、许德珩、章伯钧、胡子昂、刘清扬、吴信达、陈铭德、陈鹤琴、黄墨涵;国民党方面的有台湾总统顾问、资政邹鲁、谷正纲、朱霁青、杭立武、钱公来，监察院长于右任、梁上栋，考试院长莫德惠、行政院副院长陈铭枢（解放后任我中南行政委员会副主席、民革中委、全国人大代表）、司法院副院长张继、副委员长冯玉祥、陆军总司令张发奎，以及王瓒绪、平刚、刘文辉和教育、内政、实业、农林、社会等部的正副部长，国民党中委潘公展等。其余大多为各中学校长、教师等，发起人共 205 人，赞助人 16 人。

章伯钧多次同陈潜夫互通消息，讨论有关问题。杨逸邨的弟弟杨显睿一直积极参加筹备工作。陈教授奔走呼吁，宣传筹款，要求国民党政府拨给文教经费。结果，不但分文不给，反而进行各种刁难。陈教授除痛骂贪官污吏外，只好变卖自家粮食，苦凑经费。这个筹备中的"西南文化供应社"，以振兴西南文化为宗旨，在乐山先后办了几件事：

办了一期会计补习班。招收社会青年，使他们经过培训，能就业谋生。地点在今乐山工商联内，讲授会计基础知识、簿记学。

举办了两次讲座。第一次是讲"原子能之发展过程"，地点在乐山公园原中山堂内，主讲人是乐山原中央技专的教务主任、化学教授杨秀夫，听讲的约 500 人；第二次是讲"我国的蚕丝与丝绸工业"，由中央技专蚕丝科主任张文明教授主讲。两次讲座的听众都是原技艺专科学校、中学、师范学校的学生和中小学教师等。

这两件事得到了乐山各大、中、小学教师和各界人士的欢迎和支持，其余的计划就落空了。陈教授虽然忙碌一年多，直到解放，这个"西南文化供应社"都是"筹备处"的空招牌。

1949 年 12 月，乐山解放。陈潜夫教授同乐山人民一道，在极度的兴奋之中，庆祝新中国的诞生。

爱国史学家吴天威

米鹤都

吴天威（1918—2005），历史学家，日本侵华史研究专家。辽宁沈阳人。1945 年毕业于金陵大学历史系，1952 年赴美留学，获马里兰大学博士学位。后任南伊利诺伊大学历史系教授。在美国加利福尼亚州发起建立了海外第一个"日本侵华浩劫纪念馆"。

组织意义非凡的讨论会

在学生时代，我曾读过吴天威先生写的《西安事变——中国现代历史的转折》英文版，并曾翻译过有关章节。当时尽管由于吴教授身在海外，对资料掌握很受限制，以及在史学观念上与国内存在很多差异，但这本书仍然受到国内众多研究西安事变的权威学者的好评。认为它是当时海外研究西安事变著述中最为客观，很有学术价值的专著。

1986 年，时任美国南伊州大学历史系教授的吴天威先生联络美国众多学术界名流，决定利用纪念西安事变 50 周年之际，在美国南伊利诺伊州立大学举办一个国际学术讨论会。

为开好这个讨论会，他动议邀请中国台湾国民党中央党史研究会的副主任李云汉先生、台湾《传记文学》的社长刘绍唐先生参加。同时，他还邀请了大陆方面的杨虎城先生的长子、时任全国政协副秘书长的杨拯民先生及其他大陆人士参加。由于当时台湾还没有解除"戒严"、海峡两岸仍处敌对状态，国、共双方人员没有交往，气氛还相当紧张。特别在"西安事变"这个重大历史政治问题上，国、共双方的观点一直尖锐对立、分歧很大。但吴先生觉得利用西安事变50周年这样一个难得的契机，应该安排两岸学术界人士进行交流，特别是邀请双方均具有"官方"背景的杨拯民和李云汉参加，这对促进两岸良性交流和呼吁释放张学良将军都具有重大意义。

当此之时，杨拯民和李云汉这两个重量级人物，能否如约出席这次会议就显得格外重要。可偏偏在会议筹备过程中传出了台湾的与会人员将有变的消息，这可急坏了正在美国筹备会议的吴教授。为保证会议成功召开，吴天威先生不避酷暑，于当年夏天专程到台湾去落实了李云汉先生和刘绍唐先生出席讨论会的事宜，随后又折返至北京和杨拯民先生晤面，进一步落实大陆方面的出席人选事宜。

当时，中央领导也非常重视杨拯民先生出席这个第一次在国际上举行的西安事变学术讨论会。为了促进两岸的交流，在国际上宣传党的统一战线政策与思想，要求杨拯民先生拿出一篇高质量、能代表大陆方面对于西安事变基本立场的论文。经研究后，杨先生的论文题目是《论西安事变的历史必然性》。吴教授抵达北京时，论文刚刚报经邓颖超、杨尚昆、习仲勋等众多领导人审批通过。由于工作关系，这篇论文由我负责起草，随后又确定我作为杨先生随员出席会议。吴先生到京后，首先由我出面接待，这样我就认识了吴天威教授。因为他读过我父亲米暂沉写的《杨虎城传》和我的有关文章，加之在接待中的交流与了解，于是，在和杨拯民先生商谈讨论会安排的细节时，他提议希望我作为正式代表参加会议，认为这样可以增加大陆方面的发言力度，他的建议得到了全国政协领导的采纳。

1986年9月底，杨拯民率领我与一名翻译人员来到美国。这时，美国国会图书馆中文部主任王冀先生也在华盛顿乔治敦大学筹办了一场纪念西安事变50周年的学术讨论会。于是我们就先参加了在华盛顿举行的讨论会，当时与会人员很多，议题也不错，但没有台湾方面的学者参加。

参加完华盛顿的会议，我们转赴伊利诺伊州准备参加第二场讨论会。

南伊利诺伊州立大学纪念西安事变50周年的国际学术讨论会于10月3日至5日召开，除我们与中国台湾的李云汉先生和刘绍唐先生如约参会外，还有来自美国其他州、法国、加拿大和中国大陆的许多知名学者参加会议，与会者达70余人。

这个会议，由于海峡两岸在一起讨论西安事变本身就具有很强的新闻性，更不要说还有两岸的部长级官员出席了，自然引起了新闻媒体的关注。除美国的有关媒体外，台湾"中央社"和我中新社、国际广播电台均派记者到会采访。

会前，许多人都认为双方在会上将有一番唇枪舌剑般的交锋与争斗，但事实上会议却开得热烈而又平和。

会上，杨拯民除发表《论西安事变的历史必然性》的论文外，还利用在会议中讲话的机会，进一步讲了四个问题：一是他所发表的论文代表着大陆参加过西安事变的各方高级人士的基本意见；二是介绍了多年来全国政协研究西安事变的成果；三是再谈西安事变的历史意义，强调民族要强盛就要统一；四是针对台湾和许多美国学者的偏见，指出西安事变的转折作用是促成全民族的抗战，而不是共产党夺取政权。他还用"张学良、杨虎城在 1936 年 6 月'两广事变'时就曾计划起兵响应；当年 12 月初曾计划在西安南郊秘密捉蒋介石；12 月 9 日张学良对学生的讲话；12 月 10 日因误会，险些造成'捉蒋'行动提前"等史实，进一步说明西安事变绝非偶然发生，而是经过长期酝酿、周密计划的行动。这些事实，学者们都是第一次听到，他们十分感兴趣。

李云汉的论文是《西安事变的善后与抗战的决定》，其主要观点是：蒋介石是抗日的；"攘外必先安内"的政策是正确的；西安事变破坏了蒋的战略部署，以致共产党"死灰复燃"而后夺取大陆政权。

尽管大家的论文各抒己见，观点尖锐对立，但在大会发言时双方却都能很平和地讨论学术问题。当加拿大的著名学者点名要求李云汉和我共同回答宋美龄在事变中给蒋介石信的真伪和内容时，我们都即席给予了各自的正面回答；李云汉此前不久以整版的专文在《中央日报》上论述西安事变中蒋介石没有任何承诺，而我带的一篇论文就是针锋相对、据理驳斥的，甚至发言中也当面直截了当地指出了李云汉《西安事变研究》专著中的一些史实错误。当时会议气氛相当热烈，但始终没有形成激烈的对抗。李云汉先生对我指出的史实错误表示虚心接受，体现出了大家的风度。

由于大家都有认真研究西安事变的基本态度，又有学者的文明风度，加之吴天威先生在会议期间穿梭于台湾与大陆代表之间，协调处理不时出现的问题，使讨论会开得十分成功。李云汉在会议中对杨拯民一直采取尽量回避的姿态。当他得知杨拯民将在会议晚宴上发表讲话时，因怕杨搞他的"统战"，便托人表示他不参加晚宴了。后经吴先生做工作，李云汉终于出席了宴会（未与杨同桌）。在听了杨的讲话后，到宴会结束杨拯民走到李云汉的餐桌前时，李主动起身与杨拯民先生握手并交谈了几句。他还送我一本他的专著并为我签字留念，刘绍唐先生也邀我一起合影留念。这次研讨会对当时的两岸交流确实起到很好的促进作用，而这里包含了吴天威先生的良苦用心和大量有效的组织工作。

强烈的民族情操

1987 年底，我应南伊州大学国际交流中心之邀到美国做半年的访问学者。其后，我在 1990 年再次到美国，又先后在南伊州大学、斯坦福大学做客座研究。其间，特别在南伊州大学时，我和吴先生共享他的办公室，几乎天天见面。我们讨论的话题也涉猎甚广，甚至可以说无话不谈，相当投机；但是在一些学术或政治问题上，我们也经常争论不休，各执一端。在这种亦师亦友的关系中，我逐渐加深了对吴天威先生的了解，也增添了对他发自内心的尊敬。

吴天威先生给我印象最深的，就是他强烈的民族情操，在海外华人华侨中他可堪称为人师表。

20 世纪 70 年代，中国在与日本的建交过程中，放弃了对日本的战争赔偿要求，为的是中日世代友好。但是，若干年之后，我们看到，日本的教科书在一版一版地向后退，退到侵略中国是"进出中国"。

正统的抗战研究一直聚焦于谁在抗战中功劳大，而很少着笔研究侵略者带给中国人民多少深重的灾难。至今，连从学术上向日本侵略者清算战争罪行的任务都没有完成，更遑论政治上和经济上。在日本人整体上远远没有认罪之前，我们却早早地交出了自己手中的唯一筹码。反观日本，不谈政界，就是历史学界至今对此类问题也存在着诸多争议，比较客观的日本学者对侵华问题基本上是承认的，但即便是承认，他们也并不愿去正面地张扬日本对中国犯下的罪行；更多的是中右翼学者，他们对杀害上千万中国人，没有什么忏悔，甚至对历史事实予以否认。日本的主流文艺作品依然在灌输所谓的"大东亚共荣圈"，认为日本人是把亚洲的黄种人从白人的统治中解放出来，是正义的事业。

因此，我们身为历史学者都肩负着一份深重的历史责任，那就是让世人了解历史真相，还历史公正，让被残杀的两千万同胞的灵魂能够安息于九泉。

吴天威先生作为一个东北人，比其他地区中国人遭受日本人侵害的时间更长，受害更深。吴天威先生在从事历史研究后，就树立起一个坚定的信念，决定要用毕生精力，做尽可能多的工作，让世人了解历史真相。他认为中国当时的关于抗日战争的研究，特别是对日军侵华暴行的研究，由于当时的外交政策关系，由于"文化大革命"，都被耽误了。因此在大约20世纪80年代初，他就向大陆的相关领导直接建言，希望加强对日本侵华暴行的研究。当时主管意识形态工作的胡乔木，曾经在访美期间为此专门给吴先生打电话，约他前往面谈。吴天威先生曾当面向胡乔木同志提出，在中国大陆、中国台湾和美国分别建立日本侵华暴行研究会，让历史真相昭示天下，让日本的右翼在史实面前认罪。这种学术性的、民间的研究在某种意义上比政府的外交手段更有力量。1987年的时候，吴先生再次来到北京，告诉我：台湾和美国的暴行研究会已经成立了，和我商议并嘱我起草一份关于建立日本侵华研究学会必要性的倡议书。于是，我起草了一份意见书，送到了乔木同志的家里。据说乔木同志对此问题专门做了批示。此后，中央对于抗日战争研究予以了充分的支持，卢沟桥的抗日战争纪念馆当时已经开始筹备建设。随后中国抗日战争研究会成立，中国大陆的民间性和学术性的清算日本战争罪行逐步开展了起来。无论这些后来的"果"是否以吴天威先生奋力呼吁为"因"，但有一点是毋庸置疑的，那就是吴天威先生作为一个首倡者，其功不可没。

吴先生不仅是一个"言"者，更是一个"行"者。我认识他的时候，他已经年届七十，也是终身教授了，但依然坚持教学育人。按他的说法，他能够工作一天就要教书一天，目的是让更多的美国学生了解和理解中国历史与中国文化。

在吴天威先生的呼吁下，"两岸三地"先后成立了日本侵华罪行研究机构。此后，吴天威先生又与几个朋友共同出资创办了《日本侵华研究》杂志。他把征集到的史料和重要论文用中、英、日三种文字发表出来，刊物免费赠送到美国各大学和各个主要的图书馆。

1988 年初我在美国的时候，正好赶上这本杂志的第一期出版，就责无旁贷地加入到吴先生和他太太的工作行列中来。记得一次，我们是开了两个多小时的车，到圣路易斯取回印刷好的杂志，然后再把它装信封、打印地址、贴卷标，再送到邮局和 UPS 分送到美国和世界各地。仅邮寄这点事情，我们三人就忙了整整两天。记得寄出最后一本时，大家都非常高兴，吴先生和吴太太还专门请我吃了一顿饭，以表庆贺。当时每出一期的经费是 3000 多美金，吴先生的亲朋好友几乎都为此捐过钱，但是其中多数还是吴先生自己出资的。这本杂志是季刊，吴天威夫妇一直亲力亲为，从约稿、翻译、校对到包装、邮寄等，大多工作都是吴先生和他太太两人亲自完成的。当时南伊大就有 300 多个来自中国大陆的留学生，而其中来自东北师大的留学生就有 200 多人，另东北师大和南伊大结成姊妹学校，也是吴天威先生以他的影响力一手促成的。他在这些留学生中的威望可想而知，他只要开口，立刻就会有众多的志愿者来帮他完成这些琐事，而且他自己带的两位来自国内的博士生，都曾主动要求帮助工作，但是吴先生都谢绝了。他曾对我说，这些学生平时学习任务比较重，而且还要打工挣生活费，比较辛苦。所以他能做的事情都自己做，尽量不给中国留学生们找麻烦。这本刊物，吴天威先生编辑出版了十多期，直到退休后体力上实在难以承担了，才转交给其他学者继续负责出版。在斯坦福大学、哥伦比亚大学、南加州等许多著名的大学的图书馆里都能看到《日本侵华研究》，它们在默默地发挥着作用。

以"历史"爱国

大约是 1990 年前后，美国国会的一些人，就西藏问题说东道西，提出一些干涉中国内政的提案。吴先生认为，像美国这些参议院、众议院的议员们，他们中很多人对其他国家的历史知之甚少，但又有指手画脚的毛病，吴先生认为这是美国政治上的一个弊病。而涉及对中国历史的无知和对中国内政的干涉，他觉得有必要站出来澄清史实。作为一个美籍华人，特别是作为一个历史学者，应当把西藏的历史沿革和作为中国一部分的史实向美国人展示出来。他花了大量时间查阅相关资料，就西藏作为中华人民共和国不可分割的领土、历史是怎么沿革演变过来的，专门写了一篇很长的学术性文章。这篇论文首先在中文报纸上发表了一个整版，接着又把它的英文稿投给一些英文报刊。更有直接意义的是，他给美国总统，包括各个议员写了封公开信，这封信是这篇论文的浓缩版，是用英文写的，用大量历史事实和论据来告诉美国议员：西藏1000 多年以来就是中国的一部分。吴先生写这封信时我正好也在美国，我和吴天威先生共同去邮局把这封信寄给当时美国所有的众议员、参议员和相关人士，记得当时一共寄了 500 多封。这封信很多议员收到并且读过，一些议员也表示这封长信对他们了解西藏历史提供了重要的帮助。后来我也曾经把吴先生这封信转交给新华社驻美国的首席记者，他们也对这个事情进行了报道。

2003 年，值温家宝总理对美国进行正式访问之际，吴天威先生提笔上书，洋洋洒洒近万言，向温总理，更多的是向布什总统阐述促进中美两国友好、实现两岸和平统一的建议。公开信首先预祝温家宝与布什的历史性会谈成功；吴天威表示，作为一名研究中国近现代史的学者，他在美国大学执教超过 30 年，深感有责任和勇气，借温、布的历史性会谈机会，对于美中关系以及中国两岸统一问题提出公正的看法。吴天威分别从历史和现实的角度就美国利益、中美关系、台湾问题、两岸和平统一以及美国如何做出决策等五个方面，阐述了他的分析和结论。他指出，在贸易问题上，美国不应对中国采取制裁手段，只有适当兼顾两国人民利益，才是公平合理的做法。在台湾问题上，吴天威指出，从中美两国先后发表的三个《联合公报》中可以看出，美国政府一直坚持一个中国，台湾是中国的一部分的立场。但遗憾的是，布什就任总统之初，中美关系出现倒退，之后的布什政府对于台湾问题也表现了保守的态度。吴天威引用中国历史发展的事实来说明相当多的美国领导人并不了解中国深奥的传统文化，更不理解经历了千年战乱和分裂的中国人对于和平统一的渴求和愿望。吴天威还表达了中国人不希望用武力来解决两岸问题的想法，因为中国人不能自相残杀。公开信提出：中国已不再是美国的死敌，而是国际社会最受尊敬的成员之一，也是维护世界和平的中流砥柱。美国应该首先停止或大量减少对台湾的武器供应，对于缓和两岸关系，美国将扮演重要角色。吴天威还引用了克林顿访华时的表述："最重要的是，无论过去我们的行为如何分歧差异，中美必须为世界的未来而站在历史上正确的一方。"这封公开信在美国的华文报纸广泛刊登，在英文报刊也有转载，它在中美高层会晤前，表达了广大美国华人华侨对于海峡两岸和平统一的热望，为中美高层会谈营造出友好而和谐的气氛。

吴先生在晚年极力呼吁的一件大事就是希望在美国建立一座日本侵

华浩劫纪念馆。这个动议是鉴于美国的犹太人为纪念"二战"中被屠杀的同胞而在美国众多城市设立了纪念馆，甚至"二战"中在美国的日本人因为受到美国政府不公正的迫害业已建立了两个纪念馆。他在《世界日报》的采访中谈道："如中国浩劫纪念馆无法实现，恐怕再过十年，当日本侵华的证物逐渐损坏难辨，也再无证人能挺身而出时，这段历史将永远遭埋没。"

吴天威指出，德国人战后 50 余年来，对曾犯下的战争罪行充分表现出维护人类文明道德的勇气及尊重国际公法的精神；日本军阀在中国及其他亚洲地区所犯下的罪行远超过德国若干倍，中国人有向日本索赔的权利。日本至今仍坚持"三不政策"：不承认侵略、不道歉与不赔偿，还变本加厉篡改历史教科书；近期更为甲级战犯东条英机翻案及侵占中国领土钓鱼岛。为保持历史的真实和完整，中日两国人民应将这次战争的全部真相记录下来。特别是中国人，这是最低限度的历史责任。

为此，吴天威先生和诸多热心爱国人士，为筹建纪念馆穿梭两岸、奔走呼号。尽管这件事在吴先生生前没有完全实现，但是毕竟给世人留下了一份可贵的遗产，那就是亘古不灭的民族精神。当然，吴天威先生一生为民族所做的种种奉献，并不构成什么惊天动地的历史贡献，但是这点点滴滴却折射出吴先生内心深处对中华民族的深情厚爱，也从这涓涓细流中体现了他不尚空谈、脚踏实地的品格，相形之下我辈经常感到惭愧莫如。

在吴天威先生故去三周年的时候，谨以此文寄托些许思念。

赤子之心　情系山河：追忆先师张光斗先生

———

王光纶

编者按： 张光斗，1912 年 5 月 1 日出生于江苏省常熟县。中国共产党优秀党员，著名的水利水电工程专家和高等工程教育学家，我国水利水电事业的主要开拓者之一，中国科学院和中国工程院首批院士，清华大学原副校长。曾任第三届全国人大代表，全国政协第五届委员会委员和第六、七届常务委员会委员，九三学社第六、七届中央委员会委员和第十一届中央委员会顾问，政协北京市第五、六届委员会副主席。2013 年 6 月 21 日在北京逝世，享年 101 岁。70 多年来，张光斗先生在中国水利水电工程建设、科研和工程教育等方面做出了突出的、系统的、创造性的贡献。主持设计了密云水库等工程，为葛洲坝、二滩、小浪底、龙滩、三峡等多座大型水利水电工程建设提供技术指导，编写了《水工建筑物》等学术著作，参与主持了《中国可持续发展水资源战略研究》。本文根据追随张光斗先生近半个世纪的学术助手、清华大学水利系王光纶教授的部分回忆整理而成，以再现张光斗先生为祖国水利水电事业不懈奋斗、无私奉献的一生。

1934 年上海交大毕业学位照

海外赤子，归国报效

我很幸运，从 1963 年清华毕业后不久就跟随张光斗先生工作。在近 50 年的伴随中，先生教育我如何做人、如何做学问，言传身教令我受益匪浅。记得先生经常对我说，"做人"首先要做到的就是"爱国"，要热爱辛勤养育自己的老百姓。先生在这方面身体力行，确实是我们学习的楷模。

先生 1934 年自上海交通大学毕业后即考取了清华公费留美生，先后在美国伯克利加州大学和哈佛大学获得了水利和工程力学两个硕士学位，随后又顺利获得了在哈佛攻读博士学位的奖学金。在美国求学期间，先生亲身感受到因祖国积贫积弱而遭受的种种歧视：去租房，房东不给租，因为是中国人；去理发，铺子不给理，因为是中国人；去饭店吃饭，不让进，因为是中国人……直至晚年，先生对此仍然记忆犹新。与此同时，先生在胡佛水坝（Hoover Dam）、加州南部圣华金河谷（San Joaquin Valley，CA）灌溉工程等处的实习考察中也深切体会到科技兴国、水利报国的重大意义。这些经历从不同方面激励了先生发奋学习，报效祖国的决心和抱负。正如他在写给时任清华大学校长梅贻琦的汇报信中所言："……美人对国人颇轻视……生只能忍受，自加勉励，埋头求学以备翌日为国家尽力……"

赴美求学期间，先生一直通过各种渠道关注着祖国。当看到关于红军二万五千里长征胜利的报道时，当时还不懂马克思主义的他，就认为这是世界上的一件大事，将会改变未来世界的格局，并觉得共产党的很多主张是对的，希望国共合作，联合抗日。他还曾应在国内的交大挚友顾德欢的要求寄去美金，资助他们筹办进步刊物。1937 年"七七事变"爆发后，他和海外学子们热血沸腾，高呼抗日，每日聚坐，谈论战局。与此同时，先生也下定决心，放弃攻读博士，归国报效。当时有许多人，包括先生的导师威斯脱伽特（H. M. Westergaard）教授在内，都劝他继续留美完成学业，但先生的想法单纯而坚定："如果我国战败，我们在美学习毫无用处，现在应是报国的时候了！"先生的赤子之心感动了之前劝留他的人，威斯脱伽特教授还特意给张光斗回复了一封热情洋溢的信，说敬重并理解他的爱国心，并且表示哈佛大学的门将永远为他敞开，任何时候想来都欢迎。

1937 年 7 月，先生与雷祚雯等三位同学一起乘坐格兰脱将军号轮船回国，此后辗转香港、长沙、南昌、南京、九江、汉口，经过整整四个月的颠沛磨难后，终于在同年 11 月抵达重庆，开始了他魂牵梦绕的水利报国事业。

回国后，张先生首先在四川龙溪河水力发电工程处任职水电工程师，他和老朋友张昌龄等一批同样怀抱报国理想的年轻人们一道，先后设计了桃花溪、下清渊硐、仙女硐等中国人设计和建造的第一批小型水电站，为抗战大后方的兵工厂雪中送炭，实践了自己"实业抗日救国"的愿望。

张光斗与夫人钱玫荫早年合照

1947 年底，美国联邦能源委员会来华工作的柯登总工程师即将回国，他劝张先生举家迁美，并答应代办签证、工作等一切事宜，同时承诺在美合办公司等优厚条件，但被先生婉拒。他说："我是中国人，是中国人民养育和培养了我，我不能离开我的祖国，我有责任为祖国建设、为人民效力。"

献身祖国水利事业，付出巨大家庭牺牲

张先生教育我"做人"，使我感受深刻的另外一点就是无私奉献。60 多年来，张先生几乎把自己的全部心血都奉献给了造福祖国和人民的水利水电事业，并为此付出了巨大的家庭牺牲。

1939 年 10 月，他与从上海追随他而至的钱玫荫钱师母在龙溪河简陋的水利工地上举行了朴素的婚礼。师母怀孕后，为躲避日机轰炸，只能住在防空洞中。中间由于工程紧张，先生不得不赶回工地处理工作。不料偏偏就在这个节骨眼上，师母分娩了，而且还是难产，很快她因血压高而昏迷，助产妇没有经验导致女婴出生后窒息，还没来得及睁开眼

睛看看爸爸妈妈，宝宝就离开了人世。先生为此十分难过内疚，深感对不起妻子和孩子，直到晚年仍难以释怀。

先生和师母一生伉俪情深，可是为了祖国的水利事业，夫妻总是聚少离多，只能以鸿雁传书来寄托相思之情。1943 年，先生受委派准备赴美国学习大型工程建设，而此时师母恰恰又有孕在身。可是无论怎样依依不舍，为了事业国家，先生还是只能忍心与她暂别。离家赴美后，先生几乎每天都写信给妻子，倾诉思念之情及旅途情况。对于先生的念妻之情，还有一个很好的佐证，那就是 1988 年美国中文报纸《世界日报》曾转载过一篇《孙运璇的实习日记》（孙运璇后曾任台湾行政院院长——作者注），文中写到 1943 年 3 月孙运璇与张光斗结伴赴美期间，在其日记中曾这样描写当时的情景："多时不能入眠，光斗兄伉俪之情甚笃，我则思念伯师，衷曲莫诉，二人同室，辗转反侧，可笑亦复可怜也。"足见先生思念妻子之心情。

先生的第二个孩子是他心头永远的痛。当孩子于 1943 年 10 月出生时，先生尚在美国。当他收到师母来信，告知生了一个儿子，母子都平安时，欣喜之余的歉疚无疑又增加了一分，这样的时刻，自己又一次没能在身边亲自体贴照顾。先生只能以每天写信的方式安慰师母，并寄去鱼肝油丸，作为给孩子的滋补。分别两年后，先生和家人终于团圆，此时他们的儿子已一岁半了。父子第一次见面，先生兴奋地抱起儿子想好好地亲热一下，但孩子认生不让没见过面的爸爸抱，嚎啕大哭，转身投入了妈妈的怀抱，张先生只好苦笑。那天晚上儿子大哭大闹不让父亲进房门，先生无奈只得在街上溜达，直等到儿子入睡才回到房里。是啊，一岁半的孩子哪里懂得父亲为了国家建设需要所付出的个人牺牲。先生和师母为儿子取名元正，意思是要为人正直，乳名华华，就是爱我中华的意思。

年近九旬的张光斗亲自检查三峡工地

1979 年夏，先生这个唯一的儿子在北京突然病逝，年仅 37 岁。当时我正陪先生在葛洲坝工地审查设计，怕这突如其来的噩耗对先生打击太大，在回京的路途上出问题，不得不对他谎称是学校要他立即回京参加重要会议。到家后，当得知儿子已经过世，他两眼直瞪瞪地看着泪流满面、悲痛欲绝的老伴，一言不发地呆坐在那里。可以想象，白发人送黑发人，对一位年近 70 的老人来说是何等的残酷！儿子去世后，先生从他的抽屉里发现了一摞医院开出的全休假条，儿子为了自己所钟爱的航天事业，也和他一样在忘我、拼命地工作，没有休息！看着这些假条，想到今后再也不能见到他了，先生的心在滴血。在追悼会上，先生执意要与儿子再见上最后一面。当他被几个人搀扶着来到儿子遗体前时，先生身体抽搐、欲哭无泪，几乎瘫软在那里，在场的人看到此情景无不为之动容。可即便是在这样极端悲痛的情况下，为了对时不我待的工程设计负责，追悼会刚一结束，先生硬是熬了两天时间写出了一份上万言的"葛洲坝工程设计审查意见书"，并让我立即送交给水利部和长江委设计单位。这份饱含丧子之痛写成的意见书，怎能不说浸透着先生对祖国无限忠诚、对事业无私奉献的滴滴心血！

误差"零容忍"，一切对人民负责

1939年下半年，由张先生作为设计校核人签发的桃花溪水电站建成发电，不料通水后立即发生了工程事故。检查事故原因，是由于地质工程师绘图出现差错所致。这件事给了先生一个终生难忘的极大教训，那就是设计者必须到现场亲自了解地形地质条件，不能光看图纸、听汇报，要掌握第一手资料。

从此以后，先生给自己立下了一个"死规矩"，凡是设计一座水利工程或者要对一个工程问题做出判断，必须亲自到现场核查地形地质条件，掌握第一手资料。80年代在葛洲坝工地，为了检查二江泄水闸护坦表面混凝土过水后的情况，他坚持乘坐"沉箱"潜入水下亲自查看。驾驶沉箱的工人师傅说，从来没见过这么大岁数的老人还敢坐沉箱潜到水底下来工作。90年代，作为国务院派出的三峡枢纽工程质量检查专家组的副组长，有一次在三峡工地检查，为了掌握第一手材料，他坚持从基坑顺着脚手架爬到55米高程的底孔，检查混凝土表面的平整度。当他用手摸到表面仍有钢筋露头等凹凸不平的麻面时，当即要求施工单位一定要按照设计标准返工修复。对于一位已近九旬的老人来说，爬几十米高的脚手架，其难度可想而知。张先生个性好强，在脚手架上还不让人搀扶，坚持自己走。我知道他当时已经精疲力竭了，因为他不时碰到我身上的双手已是冰凉，艰难迈出的两腿也已在微微发颤。在由底孔向下返回的爬梯台阶上，为了怕他腿软撑不住，滑下去，我只好特意在他前面慢慢走，挡着他。即使如此，他仍然还是坚持查看了两个底孔。回来后，先生对质量检查专家组组长钱正英说："我实在是爬不动了，要是还有力气能爬，我一定再去多检查几个底孔。"三峡参建者们听到先生的事后莫不为之动容。时任三峡总公司总经理的陆佑楣院士，在谈及此事时，甚至都情不自禁地流下了眼泪，他哽咽动情地说："老先生为了三峡工程如此尽心，我们这些在第一线工作的人员怎么能不把三峡工程做好呢！"

除去亲临现场外，对一般送给他审查的设计报告，先生也都认真阅读，手持放大镜逐行逐字地斟酌，并提出自己的书面意见。九十多岁的老人仍然坚持自己动手用计算机打字写意见书，有时因视力弱，看不清汉字输入列出的同音字字形，硬是凭记忆去选择数码标示符。先生曾说："我是为人民工作的，我要对老百姓负责。"的确，先生用自己的实际行动忠实地履行了他对人民百姓的承诺，也深深教育了我们这些后人！

水润万物，桃李天下

张先生作为教师，在治学方面也为我们树立了良好的榜样。从1949年先生到清华大学任教算起，六十余载岁月里，他始终坚持把教学放在第一位，注重人才培养。先生一生淡泊名利，对个人荣辱从不放在心上，但对学生却呕心沥血，唯恐有失。先生的治学态度十分严谨，即使工作再忙，认真备课这一环节也总是"雷打不动"，每堂课前总要编写工工整整的教案，课上还总要介绍几个生动有趣的工程实例。先生特立独行的思维和开阔的思路令学生着迷，终生难忘。即使到了古稀之年，先生仍倡导给研究生开设《高等水工》新课程，并亲自编写讲义，亲自登台授课。

"做一个好的工程师，一定要先做人。正直，爱国，为人民做事。"

晚年张光斗走在清华园内

这是先生对学生们说的最动感情的一句话，而这已成为他几代学生的座右铭。

"一条残留的钢筋头会毁掉整条泄洪道"，这句话先生讲了几十年，理论与工程实践相结合是他教育理念的灵魂。学生们的论文，如果没有经过实验论证或工程实践检验，他会立刻退回。他说，在水利工程上，绝不能单纯依赖计算机算出来的结果，水是流动而变化的，即使你已经设计了 100 座大坝，第 101 座对于你依然是一个"零"。

学生们回答问题，若只是按照书本一五一十地回答，他顶多给 3 分；如果有自己的见解和分析，即便尚显幼稚，他也一定给 5 分。他说，在工程技术领域，如果没有创新，永远只能跟在别人的后面爬行。

甚至连学生的日常小事也让先生操心不已。每当看到哪个学生用完水后龙头没关好，他就会跑过去，边关水龙头边大声提醒："你们这些小年轻的，早晚有一天会尝到没水喝的滋味！"

聆听过先生教诲的学生，其中很多人现已成为中国水利水电事业的栋梁之才，其中包括 16 位两院院士，5 名国家级设计大师，以及为数众多的高级工程师、教授。虽然他们都已功成名就，但每当聚在一起谈及当年聆听先生讲课的情景，仍然津津乐道，如沐春风。2002 年 5 月 1 日，先生遍布全国各地的学生们，汇集了一本 50 多万字的先生的论文集，取名《江河颂》，献给恩师。

教学之余，先生还牵挂忧心中国的教育。仅 1996 年到 2000 年，他写下的有关中国教育方面思考与建议的书信文章就多达 30 余篇，要知道，这可是一个耄耋老人忍着青光眼、白内障、手颤等病痛不便，每天伏身电脑前，一手拿放大镜，一手敲键盘完成的，这需要怎样的毅力！

正如时任国家主席的胡锦涛同志 2007 年 4 月在张先生 95 岁华诞贺信中所说："七十年来，先生一直胸怀祖国，热爱人民，情系山河，为我国的江河治理和水资源的开发利用栉风沐雨、殚精竭虑，建立了卓越功绩。先生的品德风范山高水长，令人景仰！"胡锦涛同志对张先生的上述评价十分精辟，概括了先生品德的精髓，也是对以张先生为代表的老一代知识分子高尚精神品德的充分肯定。我们会继续沿着张先生的足迹前进，继承和发扬老一辈知识分子爱国、奉献、求真、敬业的精神，为把我国早日建设成为社会主义现代化强国，积极贡献自己的一份力量。

她的心中永远装着祖国和人民

——冯理达辞世两周年祭

———

王学信

2008年1月20日下午5时，这是一位老人去世前意识清醒的最后一刻，在病床上，她紧紧拉住儿子的手："悠真，你要永远记住，妈妈是党的女儿。我死后，帮我代交1万元党费……"交完党费，这位老人的工资卡上便仅剩85.46元，而她一生所捐献的钱物，早已超过300万元。这位老人就是著名爱国将领冯玉祥和中国首任卫生部部长李德全的长女——著名免疫学家、社会活动家、全国政协第八届常委，第七、第九、第十届委员，海军总医院原副院长冯理达女士。

2008年1月11日，因肺纤维化合并感染住进医院的冯理达，每天输完液便不顾医护人员劝阻，仍坚持到办公室整理资料，撰写讲稿。而在她生命中的最后几天，病情已经非常严重，她执意要再去一次办公室，医生、护士极力阻拦，老人说："我觉得我不好了，来不及了。要不然，我的事情做不完了……"

冯理达女士在《八十抒怀》一诗中曾写到："八十春秋一瞬间，岁月沧桑未等闲。少小即怀报国志，毕生几曾敢息肩。"历经 80 年风雨的这位将门才女，有着传奇的人生和远大的理想、追求。

"要自爱，要自强，要靠自己的双手去生活"

1925 年 11 月 23 日，时任国民军总司令的冯玉祥将军与继配夫人李德全的长女出生了，她就是冯理达。不久，她的弟弟冯洪达与两个妹妹冯颖达、冯晓达也相继出生。

与冯玉祥将军喜结连理的李德全女士生于直隶通州一书香门第，北京协和女子大学毕业，1925 年创办北京求知学校。冯玉祥、李德全夫妇非常喜爱冯理达，她从出生就始终和父母在一起。当时国内政局复杂多变，而冯玉祥戎马倥偬，宦海浮沉，居所时常迁徙，但父母对理达的培养教育，始终没有放松过，而且异常严格。从很小的时候起，理达就在父亲的要求下开始练习书法，每周要写 100 个大字，1000 个小字，每天清晨，还要在庭院耍大刀，即使在寒冬腊月也不例外。此外，父亲常常要求她给警卫员拆洗被褥，缝补袜子，他对理达三姐妹最常说的一句话就是——"要自爱，要自强，要靠自己的双手去生活"。

1933 年 8 月，冯玉祥二上泰山隐居读书，理达、颖达、晓达等子女都在身边，冯先生特意选派了一名山东籍的武术教官庞绍绪教子女习武。冯氏姐妹每天一早就像当兵出操一样准时到达训练场地舞刀练拳。一天清早，冯先生练了一会儿举石担，就到处转悠，到了子女练拳的地方，突然停了下来，对随从参谋冯纪法说："去，拿把剪子来。"冯参谋不知要干什么用，但又不便多问，就跑去拿来了剪刀。先生拿着剪刀撩起三姐妹的长衫，"咔嚓、咔嚓"把过膝的下摆统统剪掉了。原来，冯先生嫌长衫太长，不便习武，他说："今后做长袍子不准超过这个长度。"

冯先生生活异常俭朴，不抽烟，不喝酒，平时布衫布鞋，白菜豆腐更是家常便饭，但于社会公益往往一掷千金。冯先生所到之处，总要考察民间疾苦，修桥补路，植树造林，兴学助教，筑坝修堤，赈济贫苦。

"就去做个医生吧，将来给老百姓谋点儿福"

从小就在父母身边的冯理达，耳濡目染，感受着父母的仁爱之心，博大襟怀，内心深深植下忧国爱民、以天下为己任的信念，终其一生而矢志不渝。冯先生一生中，有不少共产党员朋友，如邓小平、刘志丹、刘伯坚等，这对冯理达等子女产生了重大影响。冯先生最早结识的共产党人就是中共创始人之一的李大钊先生，并对李先生极为尊重和信赖。

1933 年，冯先生组建察哈尔民众抗日同盟军，就是在中国共产党的大力支持和帮助下完成的。

1942 年，著名共产党人廖承志被国民党逮捕，应何香凝女士恳请，冯先生当即致电蒋介石，要求立即释放。同年，越南劳动党创始人胡志明主席在广西被军统特务秘密逮捕、关押。周恩来当即找到冯先生设法营救，冯先生与苏联顾问团商定营救方案后，迅即约请李宗仁先生一同面见蒋介石，一番据理力争，蒋无言以对，当面应允释放胡志明。

冯理达清楚地记得，在她五六岁时，每天早上醒来的第一件事是拿起一本很厚很重的书递给母亲，然后由母亲念给父亲听。后来，她才知道这本书的名字叫《资本论》。在家里，她经常听父亲与军中袍泽讲革命、讲共产党，而父亲身边的不少工作人员本身就是地下党，如王冶秋、王倬如、王梓木、周茂藩、赵力钧等，加上常有周恩来、邓颖超等中共朋友来冯家做客，使她对共产党及其理想、信念有了最初和最朴素的认识。周恩来还亲笔给她题词："艰苦奋斗，好好学习。"使冯理达毕生难忘的是，毛主席到重庆与蒋介石举行和平谈判期间，在周恩来、董必武、王若飞陪同下，专程到冯家来做客。父亲与毛泽东此前从未见过面，经周恩来介绍，两人握起手来，上下摇动，十分亲热。餐前餐后，宾主交谈甚欢，毛泽东谈笑风生，目光炯炯有神，极具领袖魅力，给冯理达留下深刻而美好的印象。

八年抗战，冯理达随父母辗转迁徙，先后就读于广西桂林女中、贵阳中央大学试验中学、重庆南开中学，1944 年以优异成绩考入成都齐鲁大学医学院。谈起学医，冯理达后来回忆说，1939 年的一天，母亲不慎将手臂摔伤，久治不愈。后来，请来贵阳著名老中医杨济生先生诊治，杨老先生用银针只在相关穴位刺了几次，母亲的伤便痊愈了。这使她深感中医学的神奇，从此迷上了医学。

几年后，即将高中毕业的她把报考医学院的想法告知母亲，母亲很高兴，郑重地对女儿说："就去做个医生吧，将来给老百姓谋点儿福。"母亲这句话，她牢记了一辈子。

她决心为民族振兴和人民幸福奋斗终生

在成都齐鲁大学医学院，冯理达巧遇生命中的另一半——罗元铮先生。罗先生是成都人，国学底蕴极为深厚，且为人谦恭，聪颖好学，志向远大。两人同在一所大学，只不过罗元铮比冯理达要高两班。

一次，大学组织抗日救国合唱团，两人都是合唱团成员，他们早已相识，这时过从更密，更为相知，于不知不觉中双方互生爱慕之情，竟至心心相印，难分难舍。罗元铮是个爱国有志青年，他明确表示："抗战未胜利不结婚，大学不毕业不结婚。"直至抗战胜利后的 1946 年，这对热恋中的年轻人才向各自父母敞开了心扉，双方父母都感觉对方人品不错，便同意了他们的请求，并为他们主持了订婚仪式。

1946 年 9 月 2 日，冯玉祥将军偕夫人李德全，儿子冯洪达，女儿冯理达、冯颖达、冯晓达及几名随员，赴美考察水利。冯理达进入加利福尼亚大学生物系继续学业，她边学习边工作，并担负警卫、司机、秘书、翻译、勤务等重任，积极协助父亲和在美中共党员及爱国民主人士，团结爱国侨胞、旅美留学生，共同从事反独裁、反内战的民主革命斗争。

1947 年，罗元铮大学毕业，也到美国留学，与冯理达异国相聚。同年 9 月 28 日，冯理达、罗元铮轮流开车从柏克莱送父母去纽约，途经加州首府圣克里门蒂。冯先生征求了两个年轻人的意见后，让理达将汽车停靠在路边花园，等教堂的钟声敲响时，请路人为他们一家四口拍了一张合影。这就是冯将军夫妇为爱女举办的路边婚礼。当晚，冯先生又选公路沿线的爱锁镇汽车旅馆投宿，买来一束鲜花送到新婚夫妇的房间，书写一副喜联："民主新伴侣，自由两先锋。"

在美期间，冯玉祥将军鉴于蒋介石一意孤行，坚持独裁，挑起内战，以及残酷镇压爱国学生运动的倒行逆施，与这位盟弟彻底决裂。在美国组织"旅美中国和平民主同盟"，反对美国援蒋内战。1948 年元旦，中国国民党革命委员会在香港成立，大会推举宋庆龄为荣誉主席，李济深为主席，冯玉祥为中委政治委员会主席。

始终与父母相伴相随的冯理达，亲身经历着中国民主革命的风云，感受着父母对祖国和人民真挚的爱，以及他们不惧个人安危得失，心系民族振兴和人民幸福的崇高思想境界，她决心成为父母那样的人，以父母之追求为人生坐标，并为之奋斗终生。

1948 年 7 月底，冯玉祥一家起程回国准备参加新政治协商会议筹备工作，9 月 1 日因轮船在黑海失火遇难。

遭遇与父亲和小妹的生离死别，成为冯理达心中永远的痛。冯先生遇难后，留下一个记录着他关于如何做人的小本子，这是他留给冯理达最珍贵的精神财富。"父亲的教诲使我深深懂得，一个民族要讲求气节，一个人要讲求志气。只要有一种自强不息、奋发有为的精神，就没有克服不了的困难。这是我对人生的体味。"晚年冯理达忆及当年事，曾如是剖白心迹。

冯玉祥遗孀李德全偕子女回国后，受到毛泽东、朱德、刘少奇、周恩来等中央领导人的亲切接见和深切慰勉。1949 年，在中国人民政治协商会议第一届全体会议上，李德全被选为全国政协委员，并出任中华人民共和国首任卫生部部长。是年，在党和政府的关怀下，冯理达同弟弟冯洪达一起，成为中华人民共和国首批留苏学生。不久，冯理达的夫婿罗元铮也被派往苏联留学，攻读经济学。

刘少奇紧紧握住她的手，说："我为中国有你这样的专家而感到高兴。"

冯理达就读的列宁格勒医学院是苏联顶尖的高等医学院校之一，在这里攻读免疫学的她，勤奋刻苦，好学多思，各科成绩均为优等，本科毕业后继续攻读研究生。

列宁格勒的冬季异常寒冷，加上"二战"后物资匮乏，市民普遍营养不良，致使当地白喉病流行严重，各大医院为之束手。1957 年，列宁格勒市政当局为向苏联十月革命胜利 40 周年献上大礼，宣布要在全市彻底消灭白喉病。

面对这一攻坚难题，不少医学专家望而却步，然而，年轻的冯理达却毫不畏惧地主动请缨，担任该市白喉病防治专家组负责人，全力投入，力争尽快取得突破性成果。经过不断的深入研究和探索，冯理达带领防治专家组全体成员，创造性地运用中医针灸及中药、西药结合的方法进行防治，使当年列宁格勒市的白喉发病率降到了零。

冯理达的科研成果及其贡献受到苏方的高度评价，列宁格勒市为她颁发了列宁格勒科技大奖，苏共《真理报》、苏军《红星报》和各大电台、电视台纷纷对她做了深入的宣传报道，苏联社会各界的感谢函电亦纷至沓来。32 岁的冯理达成了苏联医学界的新闻人物，为祖国和中国传统医学赢得了巨大声誉。

同年，国家副主席刘少奇访问苏联期间，在驻苏使馆接见留学生，他紧紧握住冯理达的手高兴地说："你不仅有很好的学问，还有很深刻的思想，我为中国有你这样的专家而感到高兴。"

1958 年，冯理达以其优异科研成果顺利获得医学副博士学位，她的免疫学论文被编入苏联医学教科书，相关实验报告被印成专著出版。不久，她在列宁格勒市卫生局主办的中国医学讲习班讲授针灸课的讲稿也被编为《中国针灸学》，作为苏联医学院校的必修课教材。

"文革"中，周总理尽最大可能保护了李德全一家

1959 年，学成归来的冯理达被组织上分配到中国医学科学院流行病研究所工作。那是一个违背科学的年代，来势汹汹的极"左"思潮不断冲击着她想要为人民健康贡献力量的拳拳报国之心。然而，面对一次次冲击，她始终秉持科学家的良知，执着地艰难行进。

她在中国医学科学院工作期间，组织筹建了中国第一个病毒研究室，并担任该室和流行病科负责人。她先后作为国务院和卫生部防治传染病工作组负责人，29 次带队奔赴浙江、湖北、湖南、广东、广西、河南和北京郊区等血吸虫病、流脑、霍乱、浮肿、痢疾等重疫区一线，以及邢台地震中心区，冒着被感染的危险，与农村基层干部同吃同住，深入偏僻乡镇和生产队，挨家逐户，防病治病。其间，她的 14 份工作经验总结和研究论文，被国家卫生部转发以指导全国防疫工作，并相继被

多家医学学术期刊转载。

冯理达当年的同事，现年 81 岁的中国工程院院士高守一先生回忆说："1961 年，新中国发生了第一次霍乱，当时我们到广东进行传染病防治。我记得冯理达是一个防治组的负责人。她工作非常敬业，不怕艰难和危险，经常下乡去采样、调查，一边进行防治，一边坚持搞科研，制定相关规范和手册。因为她是留苏副博士，医学功底非常深，把一些新知识、新方法用到传染病的防治上，取得显著效果，起到了核心骨干的作用。"

"文革"浩劫不期而至，冯理达和同样留美、留苏归来的夫婿、新中国第一个经济学副博士罗元铮先生双双被打成"美国间谍""苏修特务"，惨遭迫害，丧失了工作权利，甚至一度被软禁。母亲李德全女士虽然于 1965 年不再担任卫生部部长，而当选为全国政协副主席，名义上成为国家领导人，但仍被当作统治卫生部 16 年的"头号老爷"而遭到批判、冲击。所幸在周恩来的保护下，年逾古稀的李德全女士未遭抄家之痛。1972 年，在"文革"的愁云惨雾中，这位老人在忧国忧民的心境下溘然长逝。

周恩来总理尽最大可能保护了李德全女士一家。1973 年 3 月，当他得知冯理达于 1972 年被开除公职已成为"社会闲杂人员"时，立即指示冯理达入伍海军，并按专业分配到海军总医院传染科，重新获得了工作。

入伍海军，成为她人生的又一转折点

身为将门之女的她自小生活在军营，与舍身报国的将士们有一种天然的血肉联系，现在能为人民海军官兵服务，她既高兴又兴奋，48 岁的她重新焕发了青春。作为一名普通的住院军医，她没有专家的架子，而是尽职尽责地整理医案、打扫卫生、值班值勤，令患者与全科医护人员都深深为之感动。

1975 年 12 月 23 日，是冯理达永远铭记的日子，历经 26 年的苦苦追求，她终于被批准加入中国共产党。闻此消息，她喜极而泣，那一年，她已经 50 岁了。冯理达激动地说："当年，父亲为了追随共产党，不惜与国民党彻底决裂，母亲在 62 岁高龄时加入了共产党，弟弟、妹妹也先后成了共产党员。我们一家人都是党培养起来的，永远跟党走是我人生最终的选择。"

1978 年，53 岁的冯理达奉命创建海军总医院免疫学研究室，一间房，两张桌，三个人，白手起家，困难重重。然而，简陋而艰苦的条件，挡不住她追求科学真理的激情。没有试验台，她找来废弃木料自己做；没有工人，她亲自清洗试管和器皿；没有电子显微镜，她带着医学标本到其他单位做实验；没有防护服，她冒着辐射危险，坚持开展放射免疫研究。病毒实验需要无菌操作，可医院当时没有这个条件，她找到一个尚未启用的狭小电梯间，日夜苦干，反复实验，终于用现代科学方法证实了中医药对流感病毒的杀伤和抑制作用，这一科研成果使她获得了全军科技进步奖。

经过常人难以想象的艰苦创业，冯理达创建的免疫学研究室已经发展成国家级免疫研究中心，拥有了病毒细胞研究室、免疫实验室、血液流变室、电子显微镜室、动物实验室和免疫研究门诊六个部门，一项项科研成果从这里走向全国，也走向了世界。

20 世纪 80 年代，冯理达在担任海军总医院副院长兼免疫研究中心主任期间，率先提出建立有中国特色免疫学学科的理念，将免疫学研究提高到中西医结合整体论的层面，并就免疫学的宏观及微观、免疫康复、部队免疫等诸多课题进行了深入研究与探索，为丰富世界免疫学作出了重要贡献。与此同时，她创造性地以电学、力学、电动力学、电磁学等理论为指导，对机体细胞水平、分子水平、抗原抗体进行机体免疫方面的研究，受到钱学森等著名科学家的好评。她组织科研力量研究抗疲劳、耐严寒、抗饥饿等方面的课题，为增强官兵体质、提高部队战斗力作出了突出贡献。

冯理达先后应邀到 28 个国家和地区讲学，积极促进中外医学交流，扩大了中国传统医学在世界的影响。她长期致力于中国免疫学的理论研究与实践，取得了具有开创性的研究成果，主编学术专著八部共 260 万余字，发表论文 60 余篇，多次获得全军科技进步奖。1991 年，她被国务院、中央军委批准为"有突出贡献的早期归国定居专家"，并从 1993 年 10 月起享受政府特殊津贴。因其在免疫学领域取得的突出成就，冯理达被英国剑桥大学名人传记中心评为 20 世纪和 21 世纪世界 500 名人和世界 2000 名杰出科学家之一。

心系普通百姓暨祖国和平统一

冯理达一家与政协颇有渊源，母亲李德全曾任全国政协副主席，同父异母的二姐冯弗伐是全国政协委员，丈夫罗元铮也是全国政协委员，而冯理达从 1989 年被增选为全国政协委员后，连任四届，其中一届为常委。

在担任委员和常委的近 20 年间，她不辞辛劳，深入农村、社区、学校、厂矿认真调查研究，真诚倾听最基层群众的呼声。她先后提出有关维护国家海洋权益；加强环境保护和食品安全管理；关注农民工子女入学、孤残儿童健康成长和预防未成年人犯罪；关心农村留守儿童、增加农民收入和提高农民文化素质；注重解决社会弱势群体医疗保障和社会老龄化问题；减少国家机关行政性开支及建设节约型社会等诸多领域的议案 155 项，书面发言 53 份。

长期以来，冯理达一直关心祖国和平统一大业，作为中国和平统一促进会常务理事，她通过各种渠道广泛联系父亲生前的袍泽故旧及台湾岛内爱国人士，对来大陆的台湾民间团体及求学学子做了大量卓有成效的工作，为反对"台独"势力作出了重要贡献。她曾情真意切地寄语台湾同胞："中华民族五千年的历史证明，繁荣发展总是与统一相伴，战乱衰败总是与分裂相随。一道台湾海峡，割不断骨肉亲情，每一个华夏子孙都不会答应两岸分裂，骨肉分离。"

冯理达心中始终装着最普通的老百姓，对孤残儿童、贫困学生、重病患者、受灾群众和困难家庭，更是时时挂念，竭尽所能给予关爱和帮助。北京红十字绍家坡康复医院是一家公益医院，收养了很多孤残儿童。冯理达牵挂着那些孩子，时常带着钱和学习、生活用品去看望他们，与他们促膝谈心，给他们上文化课，不仅为孤儿们捐款 5 万多元，还用无私的爱温暖着他们自卑、孤寂的心灵，使他们健康成长，自强乐观。

2006 年 11 月 23 日，是冯理达 81 岁生日，儿子罗悠真拉着她去逛街，想为她添置几件新衣服。来到一家超市，冯理达发现这里的圆珠笔又便宜又好，便买了 4000 支圆珠笔，寄给了西北地区的希望小学。做完这件事，她高兴地说："这个生日过得很有意义，我很快乐。"

她把兰花般的馨香留在了人世间，也留在了无数人的心中。进入 21 世纪，年届耄耋的冯理达不再担任海军总医院的领导职务，她想得更多的是，如何让更广大的群众享有健康。为此，她深入研究了人类健康、健美与长寿问题，撰写了《健康健美长寿学》专著六部，200 余万字，并为社会各界群众义务作健康讲座 1000 余场次，对弘扬中华传统医学文化，普及全民健身活动，推进社会和谐发展做出了积极的贡献。

2007 年 6 月 10 日，"首届全国健康健美长寿促进大会"在冯理达亲自组织筹备下，如期在北京人民大会堂召开。大会开幕前，正在德国进行国事访问的胡锦涛主席特地委托他的秘书，给冯理达打电话表示祝贺。温家宝总理则亲自写信给冯理达，预祝大会圆满成功。

2008 年 2 月 8 日 18 时 10 分，冯理达因病医治无效在北京逝世，享年 83 岁。她走了，无怨无悔，内心平静，而一条穿了二十多年的棕色毛裤，有的部位因骑车早被磨了两个大洞，老人一直穿着，就这么直至离去。然而，在她的身后却留下那么多的爱、真诚和奉献……

冯理达一生以兰花为友，她和丈夫都爱兰、养兰、画兰、咏兰，而品格高洁、淡雅的兰花更融入了她的人生与毕生追求。她和丈夫罗元铮先生曾写过这样一首诗："四时花草最无穷，时去芬芳过便空。唯有大地兰与竹，经春历夏又秋冬。"冯理达走了，但她把兰花般的馨香留在了人世间，也留在了无数人的心中……

回忆我的曾祖父

——著名教育家吴雷川先生

———————

沈晓丹*

我的曾祖父吴雷川先生，著名教育家，前清翰林，浙江大学的奠基人和燕京大学首任华人校长。在近现代大学教育史上，他被誉为"影响力堪比北京大学校长蔡元培"式的人物。

教育思想之形成

吴雷川（1871—1944），祖籍浙江杭州钱塘县。小时候随其祖父在徐州上私塾，私塾的教学方式是吴雷川不喜欢

吴雷川（1871—1944）

———————

* 沈晓丹，系吴雷川曾孙，由于父母抗战胜利后出国留学，作者被寄养在大姨家，故改为大姨爹的姓。

的，但靠自己的聪敏与勤学，从中还是学到了丰富的中国历史知识及儒家思想，并在诗词、书法、八股文写作等方面成绩优异，奠定了良好的国学基础。16 岁时，回原籍参加县试，考取秀才第一名。19 岁时，随父亲到了江苏清江浦（今属淮安市）。此地是南北水陆交通要冲，名人雅士颇多，又恰逢清廷开始引入西方文化，于是，吴雷川有机会在青年时代即博览中外新书，从中深受教益。这种学习经历为其考上举人、进士、翰林奠下基础。

在家庭生活方面，因从小生活于大家庭中，人多口杂，母亲便教他待人要和气，要忍耐，要主动做些家务琐事。而童年的他也很懂事，每月200 文的零用钱常用不到一半，就将剩余的交回母亲手中用于补贴家庭开支。这样的家庭环境使他从小养成朴素节俭的习惯，并受到儒家仁厚、爱民思想的教诲和刻苦上进的鞭策。

正是这种成长经历，奠定了吴雷川选择潜移默化、言传身教、自治自觉的育人方针，并在中西哲学思想的指引下升华为：以仁爱之心培养学生的健全人格，以开放之态提高师生的济世救国能力——这个教育理念贯穿了他的整个人生与事业。

秉承着这种教育理念，在浙江大学和燕京大学任教的 25 年时间里，他不仅培养造就出一批优秀学者、志士仁人及政界名流，而且支持聘用了一批推动新文化事业的专家教授，为推动社会的进步和发展做出了自己的贡献。例如，邵力子（1882—1967，国共和谈代表，后任全国人大常委）、邵飘萍（1886—1926，曾创办过一些进步新闻刊物、机构，后被奉系军阀杀害）、蒋梦麟（1886—1964，曾任浙江大学、北京大学校长，国民政府教育部长、行政院秘书长）、邵元冲（1890—1936，曾任孙中山大元帅府机要秘书）、陈布雷（1890—1948，曾任一些刊物主编，后任蒋介石侍从室主任）、钱玄同（1887—1939，新文化运动猛将，著

名科学家钱三强的父亲，曾任北大、燕大教授，北师大国文系主任）、
郭绍虞（1893—1984，接吴雷川兼任的燕大国文系主任，后任同济大学
法学院院长、复旦大学中文系主任）、许地山（1893—1941，文学家，
与瞿秋白、沈雁冰一同创办进步杂志与社团）、钱穆（1895—1990，自
学成才，任燕大国文系教师，后成为著名史学家、台湾中央研究院院
士，著名科学家钱伟长的四叔）、郑振铎（1898—1958，曾任北大、燕
大教授，新中国文物局局长）、冰心（1900—1999，著名作家、

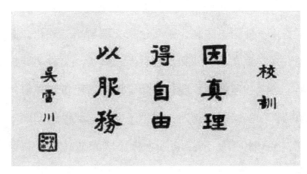

《校训》——吴雷川手书

燕大国文系教授）、吴文藻（1901—1985，社会学家，曾任燕大法
学院院长、中央民族学院教授、民进中央常委、全国政协委员），他们
都曾亲身领受吴雷川的培养和帮助，深感吴雷川育人不拘一格，对吴雷
川的治学宏博精深及其人格魅力与情操感受颇深。

担任浙江大学校长

浙江大学的前身是"求是书院"，1897 年创建，是中国人最早自办
的四所近代高等学校之一，1905 年改称"浙江高等学堂"。吴雷川于
1906 年至 1910 年间出任该校校长。

出任浙江高等学堂校长后，吴雷川一扫以前办学的积弊，强调校

长、老师、学生之间的感情相孚，而不拘泥于形式上的严格管理，使全校融于一种和谐的氛围之中。除此之外，他还强调学生自治，鼓励学生参加社会活动，以提高学生的组织能力和追求真理的精神。据陈布雷回忆说，他在浙江高等学堂不仅感受管理带来的良好校风，而且那种求实的学风，使他和邵飘萍、邵元冲在青年时期就树立起革新观念，接受并信仰了孙中山先生的革命思想。

吴雷川担任校长期间，自 1908 年起，浙江高等学堂按正规大学要求开始设文理两科，招收大学预科和高中学生入学。必修课程为 12 门，英文为文理科第一外语，法文、德文分列文理科第二外语。文理两科通习人伦道德、经学大义、中国文学、兵器、体操。文科另开设历史、地理、伦理学、法学、理财学；理科另开设算学（已讲至微积分）、物理、化学、地质与矿物、绘图；此外，学生还可自选课程。1909 年，学校开始招收女生。至 1910 年，浙江高等学堂已成为初具文理高等学院构架的新型大学。

吴雷川深知，办好新型大学的关键是要下工夫寻找、培养大师，所以他在聘请教师方面十分下工夫：理科课程主要聘请国外教授与赴美留学的毕业生任教，文科除请国内专家学者外，还专门聘请了了解世界形势的海外学者。例如，经济学教师邵裴子（1884—1968）是赴美留学生，是当时世界著名经济学家凡勃伦（Veblen）的弟子，1910 年成为吴雷川的主要助手——教务长，1912 年元月，28 岁的邵裴子接任校长。其后，蔡元培、马叙伦、蒋梦麟、胡适、苏步青、贝时璋、顾功叙等国内著名学者，均参与了该校的科研和教学。这些都为浙江大学打下了坚实的师资基础。

除了学业上的教育，在培养学生的思想德行方面，吴雷川也身体力行，以身作则，展现了中国老一辈知识分子的高风亮节。1907 年，苏杭甬铁路修筑时，杭州学界率先发起抵制英国借款控股的运动，吴雷川大力支持浙江高等学堂学生参加此次活动。浙江高等学堂的学子们积极联络全省各校学生，成立了"浙江学校联合拒款会"。学生们上街下乡，宣传浙江自控股苏杭甬铁路的意义，号召大家节衣缩食，集款认股。杭城高校学生维护路权的行动得到全省民众的普遍响应和支持，最后浙江各界认购股票共 2300 万元，此数额两倍于英国借款额。通过此事，不仅激励了杭州学界的爱国热情，而且进一步使社会各界认清了清朝统治者的腐败、卖国，为绍兴起义和辛亥革命打下了思想基础，推动了 1911年辛亥革命在浙江全省的迅速响应。

燕京大学首任华人校长

燕京大学始建于 1919 年，是第一所向中国政府注册的教会大学，1926 年秋迁入新址，即今天的北京海淀区"燕园"（现北京大学校址）。《校训》——吴雷川手书吴雷川 1929 年至 1934 年间担任燕大校长。其实，在正式担任校长之前，吴雷川在燕京大学 1919 年合并原四所教会学校成立时，就参与了其中的工作，做出不少贡献。吴老于 1926 年担任副校长（1929 年起担任校长）后，更为"燕大的中国化"不懈努力，燕京大学的章程、办学目的、校训等均出自吴雷川之手。在将燕大规划经营成一个环境优美、中西合璧、设施齐全的新型校园方面，吴雷川也起了很大的作用。燕大中西合璧的设计理念，就源于吴雷川倡导的中国式的审美观。后来竺可桢在任浙大校长期间主持修建浙东分校时，又找吴老就学校的规划蓝图征询意见，吴老像当年对待燕京大学一样，认真提出了自己的想法和建议。当时他已年近七旬，精力与笔力均大不如前，但为了中国大学的发展，他不辞辛劳，秉笔直书，对中国教育的一腔热情倾注在了封封信函中（这些珍贵的信函现存浙江师范大学图书馆）。

在燕京大学，吴雷川继续秉承"办好新型大学就要广揽人才、培育大师"的理念，为燕大招募与培养了一批大师级人物。大批海外归来的博士与国外专家的到来，使燕京大学当时的师资力量堪称国内一流，国际上也不可小视。1928 年"赫尔基金会"支持建立的"哈佛燕京学社"，就是哈佛大学与燕京大学合作的一个研究机构，在其支持下，《燕京学报》成为中国学术性论文的重要阵地。此时，吴雷川亲自兼任国文

吴雷川（左五）与同仁合影

系主任，迎来了燕大国文系的鼎盛时期，鲁迅、胡适、闻一多、朱自清都曾来校讲学或任课，当时著名文史权威专家钱玄同、周作人、沈尹默、沈士远、马鉴、郭绍虞、容庚、郑振铎、许地山、谢冰心、顾颉刚、顾随、俞平伯、陆侃如、郑骞等均被聘任。燕大成为中国文史研究的中心和中西文化交流的枢纽。

在担任燕大校长期间，他还实现了燕大办学理念的两个重要转变：一是倡导民主、团结、向上的新型校风，制定了"因真理得自由以服务"的校训，树立科学民主、反对腐败落后的燕京精神。二是改早期教

会学校以培养传教士为目的的宗旨为培养服务社会的人才为宗旨，具体措施有：摆脱完全受美国教会控制的状态，形成相对独立的局面；向中国教育主管部门登记；废除宗教学为全体学生的必修课；强调燕京大学是以沟通中西文化、培养人才为目的的研究型教育机构。

他不仅广揽人才，实施新的教育理念，而且还把这种创新、求实的精神体现在自身的教育实践中。他在兼任国文系主任时，博采众长，形成其办国文系的三个特点：一是古典文学与现代文学并重且相得益彰；二是基础课与选修课双荣并茂；三是东方文化与西方文化互补融合。他治学创新求实并传为佳话的还有：从学生需要出发开"应用文"课；亲自讲"大一国文"并成为传统……此外，他还倡导青年人要为中国的进步、强盛做实事，并亲自调研分析社会时弊，指出当时挽救中国最重要的，一是推进经济改革以改善民生，二是从民众教育入手，实现由下向上的改革。根据这些思考，吴雷川十分认真、系统地评价了国民党前期的改革方略，指出中国当时的急务是要使人人有必需的物质生活条件，这就需要人人注意节约，服从并维护社会的公律。他从一位实践的教育家转变成为一位民本主义十足的社会主义者，并已踏足到社会主义的大门口。

在国家民族面临生死存亡的关键时刻，吴雷川凭借自己在教育界的威望和影响，在挽救民族危机方面，更是展现了老一辈中国传统知识分子的风骨和美德。

1931 年"九一八"事变后，吴雷川多次带头发起为抗日捐款的活动，并担任燕京大学抗日组织负责人。1937 年卢沟桥事变后，北平的国立大学相继南迁，燕京大学因为是美国基督教会募捐创办，仍得以暂留在海淀燕园继续开学。这段时间为便于应付日本侵略者，吴雷川决定由校务长司徒雷登取代其校长身份，以便维持燕京大学的安全。1941 年美日太平洋战争爆发后，日军占领燕京大学，卖身媚事日寇、成立华北伪政权的大汉奸王克敏久慕吴雷川的为人，想借重青年学生对吴老的景仰笼络人心，欲请吴老出任伪职，遭吴老严词拒绝。为避日伪尘嚣搅扰，吴老先是闭门谢客，后来干脆搬出燕园，蛰居城中。

六次"辞官"

吴雷川一生中最为独特的经历之一，就是"辞官"。据家人回忆，大概有六次之多：

第一次辞官是考上进士之后，他曾被安排任县长，但因立志"人生应当为社会切实做点事"，在现实中又碰到徇私与秉公的两难，他不想开营私枉法之端，故而辞官。第二次是被安排到新成立的江北高等学堂任校长后，为尽孝道，不久辞官。第三次是辛亥革命后被公推为杭州市民政长（相当于今市长），在选录僚属时，多方徇请难合，由此感到官场之中真为民之志士罕，逐私利之争斗繁，实非其所堪应付，遂再次决定辞官。第四次即 1926 年为支持鲁迅先生的爱国行动，在教育部辞去参事（相当今司局级）之职。第五次辞官是因担任燕大校长，辞去教育部次长之职。当时，燕大完成初建准备发展时，出现了生存危机（教会大学主要经费是外国人赞助，北伐后国民政府令各级教会学校应以国人为校长，于是全国教会学校中 93% 的外籍教师回国）。这时吴雷川以他在中国教育界的威望和美方承认的基督教理论家的优势，发挥独特的作用，最终运用"各自表述"的方法，实现了中国人出任校长（chancellor），维护了民族尊严（美方出任校务长，即 president，仍可掌经济实权）。司徒雷登亲赴南京邀请吴雷川任燕京大学第一任华人校长，吴老因此辞去了教育部次长之职（任此职 9 个月）。之后燕大转危为安，为日后 20 多年的长足发展奠定了前提条件。最后一次，即抗日战争初期，为保留燕京大学继续在北平办学，吴雷川辞去燕大校长职务，由美方代表应付日本侵略者（此时美日尚未宣战）。辞去校长后，他仍专心教学研究，并相继完成了几本专著。

回顾这些辞官经历可以看出，吴雷川终生以教育事业为追求与精神寄托，他的性格始终坚守着忠厚正直、刚正不阿、重在务实、淡泊名利的特点。

淡泊的君子

原全国人大副委员长、燕京大学社会系学生雷洁琼先生 1988 年 11 月为《燕大文史资料》建校 70 周年特辑而撰的"序"中写道：

燕京大学是在我国伟大的"五四"运动时代创办的，具有光荣的革命传统。燕大爱国师生为拯救祖国和民族的危亡，献身民族、民主解放运动，为我国革命事业，创立新中国作出了贡献。燕京大学是一所培育社会服务人才、沟通中西文化、促进国际学术交流的高等学校，它聚集了当时一些著名的中、外专家学者，如吴雷川、陆志韦、洪煨莲、顾颉刚、郑振铎、马鉴、容庚、邓之诚、郭绍虞、许地山、吴文藻、谢玉铭、埃德加·斯诺（Edgar Snow）、夏仁德（Randolph C. Sailer）、赖朴吾（E. R. Lapwood）、高厚德（Howard Golt）、班维廉（Willam Band）等。它培育了一批又一批学有专长的人才，如谢冰心、黄华、陈翰伯、韩叙、周南、龚澎、韩素音、萧乾、严东生、沈元、侯祥麟、谭文瑞等，为我国文化教育、外交、新闻和科学的发展作出了卓越的贡献。

在雷洁琼先生心目中，吴雷川得以在当时中外专家学者云集的燕大排名第一，不仅因为吴老是该校的首任华人校长，而且吴老本身的学识与人品也得到中外专家学者的首肯。吴雷川学生辛斤（1913—1988，原名陈新桂，曾任民盟中央张澜主席的秘书，参加了迎接上海解放的工作和全国政协筹备工作）在所撰《敬悼吴雷川先生》一文中评价说："雷川先生的道德文章，久已为国内士林乃至国外人士所熟悉。我觉得他最值得我后辈学子景仰和效法的，是他追求真理的进取精神和他丰富诚挚的情感，以及高风亮节的人格。"

著名作家冰心女士在 1988 年 10 月 21 日清晨写的回忆文章《追忆吴雷川校长》中写道："1926 年我从美国学成归来，在母校燕京大学任教时，初次拜识了吴雷川校长。他本任当时的教育部次长，因为南京教育部有令国内各级教会学校应以国人为校长，经燕大校董会决议，聘请吴老为燕大校长。吴老温蔼慈祥，衣履朴素，走起路来，也是那样地端凝而从容。"此文还记录了冰心夫妇准备去云南大学任教时，吴雷川于 1938 年 6 月赠与他们的一幅书法（录的是清词人潘博的一首《金缕曲》与临别赠言）。冰心老人于 20 世纪 80 年代将这幅字迹装裱后挂在北京家中的客厅里，并评价"吴老的书法是馆阁体，方正端凝，字如其人，至今我仰瞻挂在客厅墙上的这幅字迹，总觉得老人的慈颜就在眼前，往事并不如烟！"

吴雷川 1912 年应蔡元培之邀北上，到民国政府教育部先后任金事、参事、常务次长，从事教育行政 15 年。其间鲁迅、钱学森的父亲钱均夫等多位浙江文化名人来该部。吴雷川以诚信立德为信仰、以仁爱育才为事业、以务实报国为终身追求的人格与情操，感染和影响了一批中国优秀的社会科学与自然科学的著名专家学者。他在北京定居 30 多年，与鲁迅、钱三强的父亲钱玄同、钱学森的父亲钱均夫、钱伟长的四叔钱穆等江浙文人交往颇密，叶企孙、严东生、陈岱孙、钱俊瑞等晚辈学子（后来分别成为著名物理学家、化学家和经济学家）也上门讨教。钱玄同为儿子起名"三强"即源于吴雷川要求青年学生德、智、体三方面均要强的含义。特别是与鲁迅先生的友谊：鲁迅 1925 年因支持学生爱国行动被教育部长章士钊免去佥事，后不久吴雷川亦辞去参事；鲁迅留学日本时站在以孙中山为代表的革命派一边，辛亥革命后回国到 1926 年为躲避反动当局通缉而南下上海期间，与吴雷川交谊颇深，仅《鲁迅全集》中就记载约 20 次，如参加吴雷川兄长、夫人的追悼活动，为吴雷川建基督教阅览室捐款，代吴雷川购书等。

作为吴雷川的家人，这位先祖留给我最深的印象，就是忠厚正直、廉洁奉公、淡泊名利。吴雷川一生，无论当教授还是任校长，均能做到廉洁奉公、不染时弊。他在南京辞去教育部次长后，教育部按规定给他加寄去一年薪俸，他全数退回。他在燕京大学全体师生心目中一直是最受敬仰的敦厚长者，生活俭朴是十分重要的原因。据资料记载，他在担任校长期间从未支取过全薪，专任教授后也往往只领一半左右的工资（余款均进入"吴雷川奖学金"），住房不及一般教授，多次婉谢校方为他修葺的美意。在人们的记忆中，他秋冬之季总是身着一件洗得褪色的旧夹长袍，外罩一件旧呢大衣，戴一顶脱色的礼帽，以一种整洁朴素的仪表和矍铄端庄的神采显示出中国老一辈知识分子的风骨。他本人虽然生活节俭，可对亲友和学生中经济困难之人却总能慷慨解囊。正是这种情操，才能解释其在晚年为什么能做出令很多世人费解的安排：将个人藏书全部捐献给北海公园内的松坡图书馆（该馆后并入国立北平图书馆，现为国家图书馆），本人则以抄书为生，清苦自持。

回顾吴雷川的一生，他不仅是我国现代教育界的一颗璀璨明星，更是我国传统知识分子的典型代表。他的德行，他的操守，他的学问和胸襟，他为中国教育呕心沥血的精神和他创新求实的教育理念，已经并将长期影响着后来人。

卢作孚的"救国梦"

罗高利

　　1938 年 10 月，武汉失守，大量军队、人员、武器、设备、物资及工厂、机关亟待撤退转移。情况万分危急之时，一位清瘦的中年人出现在宜昌。他冒着被日机轰炸的危险，利用长江水路，沉着镇定地指挥 24 艘轮船和 850 余只木船将数万名人员和代表当时国家工业精华的近 10 万吨物资和设备，从宜昌码头抢运到重庆及四川后方，缔造了"中国实业上的敦刻尔克"。其中，不少教师、学生、工程师、医生、艺术家、公务员等后方急需人才，来到大后方，成为各条战线上的有生力量。安全转移的大量战略物资、器材、设备，保存了中国工业的基础，为抗战保留了重要的命脉，为支持抗战和大后方建设做出了巨大贡献。

卢作孚（1893—1952）

　　这位创造奇迹的中年人，正是被毛泽东

誉为"中国实业界四个不能忘记的人"之一的卢作孚。

很多人知道卢作孚是一个实业家，缔造了中国最大的民营航运企业——民生公司，但很多人不知道的是，他一生当中还做过许多值得称颂的"伟绩"：从 17 岁参加辛亥革命到 59 岁实现民生公司公私合营，终其一生，他始终爱国爱民、忧国忧民，把国家富强、民族振兴、人民幸福作为己任。革命救国、教育救国、实业救国和乡村现代化建设，是卢作孚以爱国主义为核心的民族精神和以改革创新为核心的时代精神的完整再现，是卢作孚一生践行救国梦的具体体现。

加入同盟会——践行革命救国梦

1893 年 4 月 14 日，卢作孚出生于四川省合川县（现重庆市合川区）北门外杨柳街。因家世清贫，小学毕业即辍学。当时的中国，备受封建主义和帝国主义压迫，满目疮痍。面对国难，年少的卢作孚胸中燃起爱国、救国梦，于 1910 年加入同盟会。

他加入同盟会并非心血来潮，辛亥革命前夕，他就开始研读国内外许多进步的社会科学和自然科学著作，最令他心动的是孙中山的著作。孙中山的"民有、民治、民享"理想和"民族、民权、民生"的"三民主义"令卢作孚十分振奋和向往。他常把学习心得写成文章，在报刊上发表。这些文章引起成都同盟会会员的注意，他们根据通信地址找到了卢作孚。令他们没想到的是，卢作孚居然是一位青葱少年。在同盟会会员的引荐下，卢作孚加入同盟会并参加了之后的四川保路运动。

辛亥革命爆发后，卢作孚四处活动，奔走呼号，与成都的广大群众一起，投身到这场推翻清王朝统治的民主革命中。

1919 年五四运动爆发后，卢作孚又满怀热情地投入到爱国运动的洪流中。他利用《川报》发表许多反对帝国主义、反对卖国政府的社论和专文，报道全国各地学生罢课、工人罢工、商人罢市的消息。

创办通俗教育馆——践行教育救国梦

对于教育，卢作孚不仅强调教育的普及，关心重视初级教育，还十分重视职业教育和学生的政治思想教育。

1921 年初，卢作孚应杨森（川军第二军第九师师长兼永宁道尹）邀请，到泸州担任永宁道尹公署的教育科长。他在泸州白塔寺创办通俗教育会，广泛开展各种形式的民众教育活动，进行新教育试验，改编教材，废除旧的教育体制。其间，他常与同为少年中国学会会员的肖楚女、恽代英等探讨教育问题和社会问题。

1924 年，在杨森的支持下，卢作孚到成都创办通俗教育馆，进行社会改革的第一个试验。通俗教育馆馆址设在成都市少城公园内，在"辛亥秋保路死事纪念碑"旁边，环境又脏又乱。但在卢作孚的努力下，通俗教育馆出现一月一变化，一周一变化，甚至一天一变化的奇迹。建成后的通俗教育馆，包括博物馆、图书馆、公共运动场、音乐演奏厅、动物园和游艺场。这里常举行科学、教育及社会改革的讲演会，中西乐演奏会，到通俗教育馆参观的人最多的时候数以万计。通俗教育馆不仅是一个活跃的、生气勃勃的政治、科学、文化、艺术和游览中心，丰富了民众生活，帮助人们增长了社会科学与自然科学知识，而且也是卢作孚理想中的新的集团生活的一种模式。

创办民生公司——践行实业救国梦

1925 年是卢作孚一生重要的转折点。在这之前，他是一个纯粹的教育工作者，在这之后，他成为一个同时兴办实业和从事乡村建设运动的

民生公司第一艘轮船"民生"号1926年7月首航嘉陵江

改革实践者。这一年，卢作孚开始创建民生实业股份有限公司，探索实业救国之路。

"个人为事业服务，事业为社会服务"、"个人的工作是超报酬的，事业的任务是超利润的"、"民生公司的最后意义，绝不是帮助本身，而是帮助社会"。这足以看出卢作孚创建民生公司不为私利，而是为国家利益和民族利益着想。1937年抗日战争爆发后，卢作孚作为国民政府大本营第二部副部长，主持草拟抗战总动员计划，他在上海致电民生公司全体员工时说："国家的对外战争开始了，民生公司的任务也开始了……民生公司应该首先动员起来参加战争。"

卢作孚创办民生公司时，正是长江上游航运十分萧条、任何公司都感到无力撑持的时候，在这种情况下创办一个新的轮船公司，可以说并不是一个理想的时机。但卢作孚不管这些，他提出"航业应作新的试探和新的试验"的想法，认为不应在原有轮船过剩的航线中与同业去竞争，而应开辟新的航线。因此，他开辟了嘉陵江上过去从未行驶过轮船的从重庆到合川之间的短航。

卢作孚创办实业为什么首选航运业？这得从1914年的一段往事和

1925 年成都通俗教育馆建设遭到破坏的情形说起。

1914 年，卢作孚独自一人从重庆乘"蜀通"轮到上海。目睹长江航运的景象后，他十分愤慨。整个长江之上，他看到的几乎都是悬挂日本、英国、美国、法国、意大利、挪威、荷兰、瑞典等国国旗的轮船，而且船舱位分几等，不同舱位有不同的待遇。普通的中国乘客坐统舱，在船舱的最底层，人格、地位也处于最低等。卢作孚由此萌发实业救国梦想，决心改变这一状况。

1925 年，创办通俗教育馆后期，卢作孚悟出"纷乱的政治不可凭依"，"每每随军事上的成败而使事业共沉浮"的道理，萌发兴办实业的想法。当时四川的交通状况十分落后，没有铁路，没有好的公路，唯一通往省外的通道只有长江。因此，他提出兴办航运的设想。

卢作孚到重庆调查后发现，长江上游航运几乎都被英国太古、怡和及日本日清等外国轮船公司控制，中国轮船虽有 20 多艘，却分属 20 几家公司，均处于破产倒闭的边缘。1925 年 8 月，卢作孚回到合川，广泛联络合川的乡绅，进行公司的筹备。10 月 11 日，卢作孚在合川通俗教育馆主持召开第一次发起人会议，决定为兴办实业和成立航运公司募集资金 2 万元，分 40 股，每股 500 元，由各发起人负责，分头劝募。募股工作并不顺利，十几个发起人本身没有钱，向老师、同学、朋友劝募，也只能几个人合起来凑成一股。尽管如此，卢作孚并不气馁，四处奔走，勉强募集股额后，在合川设立公司筹备处，自任主任。

他到上海订造轮船和购买发电设备，根据嘉陵江水浅流急的特点，他反复与上海各造船厂研究讨论近两个月，最后委托合兴造船厂制造载重 70 吨、长 75 英尺、宽 14 英尺、深 5 英尺、吃水较浅、马力较大、专做客运的小轮。小轮的造价需要 3.5 万元，而筹集的股金仅 8000 元。面对困境，卢作孚决定先付 3000 元给上海合兴造船厂为定金，另花

5000 元为合川电厂购买发电设备，以最快的速度在合川建立一座发电厂，使合川成为四川最早用电灯的县城。卢作孚回合川后发现，由于川江航业萧条，一些华商轮船继续倒闭，已经认股的股东不愿缴纳股金，最后由卢作孚的老师、时任合川县视学的陈伯遵通过借贷教育基金，解决了最困难的资金问题。

1926 年 6 月 10 日，民生公司正式创立。公司名称为"民生实业股份有限公司"，以"服务社会、便利人群、开发产业、富强国家"为宗旨，由卢作孚担任总经理。"民生"来自孙中山的民生主义，"实业"表明民生公司不是一个单纯的经营航运的事业，而是一个以发展实业为救国目的的综合性事业。

1926 年 7 月 23 日，民生公司第一只轮船"民生"轮从合川满载乘客到重庆，开始川江航运史上从未有过的定期客运航行。从这天开始，卢作孚废除中外轮船的买办制，实行现代的经理负责制。

从 1930 年起，民生公司陆续并购华商轮船公司，逐步成为最大的民族航运公司。在众多外国轮船公司针对民生公司的联合"围剿"中，卢作孚以民族精神和优质服务，战胜、兼并主要的外国轮船公司。至抗战前，民生公司已成长江上游最大的轮船公司。

抗战期间，民生公司在抢运物资和人员及支前运输中做出了巨大的贡献，同时也付出了巨大的牺牲。据统计，运送出川的部队和壮丁达 270 余万人，物资数十万吨，共有 16 艘轮船

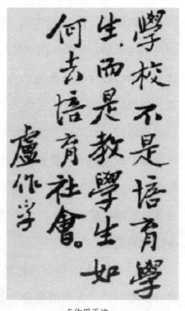

卢作孚手迹

被炸沉炸毁，69 艘船被炸坏，117 名员工壮烈牺牲，76 名员工因伤致残。因为抗战做出的突出贡献，卢作孚先后被授予二等卿云勋章、三等采玉勋章和胜利勋章。

抗战胜利后，民生公司的航线从长江延伸到沿海、台湾以及东南亚各国和日本。到 1949 年，民生公司拥有江海船舶达 148 艘，员工 9000 余人，拥有多家造船厂、发电厂、码头、港口和仓库，涉及投资银行、保险、钢铁、机械、纺织、煤矿、水泥等 60 余项实业。"民生巨轮"巍然屹立于世人面前，向世界昭示中国的民族产业业已涉出积贫积弱的滩涂，正徐徐驶向欣欣向荣的彼岸。

北碚乡村建设——践行乡村现代化建设梦

20 世纪 20 年代的四川，军阀割据，内战不绝。地处嘉陵江的北碚，辖区内山岭重叠，地势险要，兵痞盗匪趁机而动，沿江行劫，致使河运梗塞，商旅难行，交通困难，民众苦不堪言。1927 年以前，北碚是一个破烂的小乡场，几条小街杂乱无章、狭窄污秽，街道阴森黑暗，特别是狭窄的街心还横着一条臭水沟，满街臭气熏天。一下大雨，臭水沟堵塞，垃圾、污水四溢。更让人不能忍受的是，北碚没有一座正规厕所，只是在场口、街口和房屋背静处埋一口大缸，上面搁两块木板，前面围以篾席，权当厕所。紧靠嘉陵江街边的一条主街因摆放九口大尿缸，被称为"九口缸街"。这些散布在市街的大大小小近百口尿缸，成了蚊蝇孳生、传播疾病之源。整个乡镇没有工厂、作坊，而庙宇、烟馆和赌场却比比皆是。

1927 年 2 月 15 日，卢作孚担任峡防局局长后，以建立安宁的社会秩序为第一步。为肃清匪患，他带头剿匪，在辖区内严禁烟、酒、嫖、赌。为提高民众的素质，他创办峡区实用小学、北碚兼善中学和中国西部第一个科学院,创建了消费合作社、嘉陵江日报社,修建了图书馆、运动场,建成了民众俱乐部,开展形式多样的民众教育活动。为支持科学教育和文化卫生事业的发展,他还成立了嘉陵文化基金会,创办了一所看病不花钱的医院——北碚地方医院,修建了北温泉公园、平民公园(今北碚公园)、西山坪植物园,精心设计规划了北碚市市容,以青岛的建设为蓝图,修建街心花园,种上从上海带回来的法国梧桐,使北碚有了花园城市的雏形。这些"巢"的建立引来无数的"凤",使抗战期间来北碚的科学团体和教育机关达 18 所之多,名人荟萃,北碚被誉为"小陪都"。

在北碚进行城市建设和文化建设的同时,卢作孚还注重发展地方经济。从 1927 年开始,卢作孚在峡防局内部成立了一个工务股,先后创办石印社、织布厂,使士兵掌握职业技能,逐步过渡为工人。同年 8 月,他还促成合川、江北地区与煤业有关的人士共同筹组北川铁路公司。仅用一年时间,即完成水岚垭至土地垭一段长 8 公里半的窄轨铁路建设。这是四川的第一条铁路,为当时北碚经济发展打通了交通瓶颈。

1930 年 9 月,卢作孚将工务股改组成三峡染织工厂。抗战开始后,该厂与常州大成纺织印染厂合组为大明染织公司。1933 年 10 月,卢作孚促使北川铁路与沿线五个较大的煤厂合并成立天府煤矿公司。抗战后,该公司与河南中福煤矿公司合组为天府矿业股份有限公司。天府煤矿 1944 年自行制造了三部火车头,开创了中国铁路机车制造的先河。抗战期间,天府煤矿和三峡染织厂为军民提供了战时后方大部分的能源和被服供应。除此之外,他还兴建了惠利火柴厂、富源水电厂、西山坪畜牧场、西山坪农场、利民水泥厂,创办了北碚农村银行,为北碚地区工农业及科学、文教事业的发展奠定了经济基础。

乡村建设,人才是关键。峡防局先后招收中学程度的青年 500 多人受训，这些人成为北碚各类人才的主要来源。他们白天担任本职工作，晚上担负民众教育的责任。根据需要，卢作孚还从各地寻求人才，支持北碚的乡村建设，如法国人傅德利担任昆虫研究员，丹麦人守而慈担任北川铁路总工程师，曾留学国外的唐瑞五担任北川铁路工程师等。

北碚，这个曾被称为"歹徒的乐园"的地方，从1927年卢作孚开始建设起，三年闻名全川，四年闻名全国，抗战时期闻名全世界。抗战胜利后，联合国出版的中国地图上只标明北京、上海和北碚三个城市。当时，国民政府主席林森、美国副总统华莱士、乡村建设杰出代表黄炎培、晏阳初、梁漱溟等到北碚参观后，对北碚的建设都赞叹不已。

卢作孚，这个诸多奇迹的缔造者，将永远载入史册。

忠贞爱国　越崎人生

——纪念工矿泰斗孙越崎先生诞辰 120 周年

孙叔涵　朱丕荣[*]

胸怀工业救国，振兴中华的大志

孙越崎 1893 年 10 月 16 日出生于浙江绍兴县同康村。那时候的中国处于半封建、半殖民地社会，国家深受欺压，民族饱受苦难。他少年就读于私塾，勤奋好学，努力上进，立志要以工业救国、科技兴国。1909 年他考进县简易师范学校，1913 年考入上海复旦公学。1915 年 5 月，日本帝国强迫袁世凯政府接受《二十一条》不平等条约，全国民众愤怒反抗。孙越崎愤而把原名"毓麒"改为"越崎"，表达对国家与民族的担忧，企盼早日能越过崎岖而达康庄。

1917 年春，他考入天津北洋大学矿冶系。1919 年五四运动时，他任北洋大学学生会会长，支持北平学生反帝反封建的爱国民主运动，后

* 作者孙叔涵为孙越崎之女，朱丕荣为孙淑涵爱人。

因拒写悔过书而被校方开除。后经蔡元培先生帮助转入北京大学矿冶系学习。1921 年毕业后，在父亲的动员下，他北上哈尔滨，决心干一番实业。

1924 年初，孙越崎应聘参加创办中俄官商合办的穆棱煤矿。他经历了探矿、建井、经营和铁路勘察建设等全过程，工作五年，表现突出，成绩显著。为了继续深造，1929 年他辞职去美国留学，先后在斯坦福大学和哥伦比亚大学研究生院进修，不求学位，只想多学科学知识和办矿本领，更好为祖国工矿事业服务。1932 年他学成后取道英、法、德国和苏联回国，沿途用心考察工矿企业，颇有收获，为今后的工作打下了坚实基础。

现代煤炭工业奠基人之一

孙越崎从 20 世纪 20 年代开始参加创办东北穆棱煤矿、接办河南焦作中福煤矿，抗日战争爆发后开办湖南湘潭煤矿和四川天府、嘉阳、威远、石燕等煤矿，1952 年后经管河北开滦煤矿，1981 年起担任国家煤炭工业部顾问，从事煤炭工业前后长达 60 多年，是我国煤炭工业的奠基人之一。

孙越崎（1893—1995）

1923 年，他在北满唯一较为现代化的穆棱煤矿担任探矿队长、工程师，经常在冰天雪地、深山老林、土匪和野兽出没的地区奔波，勤奋从事勘探、测量、修路等野外工作，一年后升任矿务股长兼机械工程股长，与俄方人员分别负责开打竖井，工作很快赶上俄方人员，随即被提升为路矿事务所所长。该矿五年内产量由不到 10 万吨增加到 30 多万吨，年盈利达 50 万元以上，带动了当地经济的发展。著名地质学家翁文灏曾到该矿考察，他对孙越崎的刻苦努力、才能和贡献大为赞赏。

1934年冬，孙越崎被翁文灏从国防设计委员会调到河南焦作，担任中英合办的中福煤矿总工程师、整理专员、总经理等职。该矿当时是河南省最大的企业，因厂方经营不力，管理不善、亏损严重。为此，英方通过蒋介石要求进行整顿。蒋介石派当时国防设计委员会秘书长兼地质调查所所长翁文灏前去整顿，翁文灏则带孙越崎随去执行。翁因工作繁忙，只在矿逗留一个月，即由孙越崎代理一切事务。孙越崎在调查研究的基础上制定了整顿方案，经翁文灏同意后，采取精简机构、整顿工程、调整采掘比例、进行回采、改善经营管理等措施，1935年就把面临破产的中福煤矿迅速扭亏为盈，煤炭产量、运销均超过100万吨，盈利达208万元，获得了国内和英方的好评。

1937年抗日战争爆发后，孙越崎为了保护矿业资产和人才不被日敌占用，以坚定的态度，力排中外董事的非议和当地党政的阻挠，冒着生命危险，想方设法指挥拆迁设备、转移人员，紧急把中福煤矿整体迁移到四川后方。部分设备曾暂先运到湖南湘潭煤矿，不到一年，一并运往四川。1938年3月，他与实业家卢作孚先生合作，在运输困难和日军飞机轰炸的情况下，把中福煤矿设备、人员全部抢运到四川重庆，改造天府煤矿，卢作孚任董事长，孙越崎任总经理，把天府煤矿从原始生产方式改建成了一个现代化煤矿，供应当时陪都重庆所需用煤的一半以上。接着利用中福煤矿的设备和人员在四川后方新建了嘉阳、威远、石燕等煤矿，均由孙越崎任总经理，统一领导。这对于增强后方能源供应，支援抗日战争起了重要作用。

孙越崎在中福煤矿任总经理时，兼任焦作工学院的常务董事。随着煤矿内迁，他把焦作工学院也整体先后内迁至西安、天水、城固等地继续办学，后与北洋工学院、北平大学工学院、东北大学工学院合并，组成国立西北工学院，承担培养高级工业技术人才的任务。

新中国成立后，1952 年 11 月，孙越崎由中央人民政府财政经济委员会计划局调到河北省唐山开滦煤矿管理处任第三副主任，主管下辖五个矿的技术改造和煤矿基本建设工作，直到唐山地震后负伤返回北京。1981 年，他被任命为煤炭工业部顾问，十多年中，他深入山东、内蒙古、河北、江苏等地调查研究，对合理开发利用煤炭资源、北京发展燃气化战略以及制定煤炭法规等问题，提出了有益建议，得到中央领导的重视和采纳。

中国石油工业创始人之一

孙越崎早在美国留学时，就曾到休士敦、洛杉矶等地油矿考察实习。1933 年他在国防设计委员会矿室工作时，就到陕北地区调查、勘察石油资源。1934 年春，他担任陕北油矿勘探处处长，从美德两国进口两套钻机设备，用车、船、马拉，人抬等方式，把 100 多吨的机械运往陕北延安。他组织了 100 多人的钻井队伍，终于在那里打出了油井。

抗日战争前，中国石油依靠进口，抗战爆发后，沿海被日军占领封锁，石油进口来源断绝，用油奇缺。1938 年国民政府决定要在甘肃玉门勘探石油。1939 年，在玉门成功地打出了石油，1941 年甘肃油矿局成立，孙越崎被任命为总经理，负责开发创办玉门油矿。当时从美国订购了一批石油生产、煤油、储油等设备，但在运来中国途中，因太平洋战争，大部分设备在缅甸被日军炸毁。孙越崎果断决定，立足国内，自力更生，在重庆组织力量自己设计制造，同时抢运来损失的设备器材。他亲自为玉门油矿物色人才，选用了一批留学生，并聘请外国专家、派青年技术人员去国外学习培训。他还组织建立了 500 辆汽车的庞大运输队伍，从重庆到玉门 2500 公里沿途设站，运输物资器材和石油产品。在

孙越崎（左一）向蒋介石（左二）介绍玉门油矿

荒漠的戈壁滩上，艰苦创建矿区、农场、宿舍、医院、学校等设施，改善物质文化生活条件，使职工安居乐业。还专门引进女青年职工，解决男青年技术人员的婚姻问题。到 1942 年 11 月中旬，玉门油矿就实现了生产 180 万加仑（5000 多吨）的石油生产任务。1941—1946 年间全矿共生产原油达 31 万吨，有力地支援了抗日战争，也培养了一批石油工业人才，为中国石油工业发展打下了基础。

由于孙越崎在抗日大后方开发煤炭石油工业取得了突出成就，他获得了 1942 年中国工程师学会第 11 届年会颁发的金质奖章。这是继凌鸿勋、侯德榜、茅以升之后的第四枚奖章获得者。孙越崎被称为"中国煤油大王"。1942 年秋，蒋介石去玉门油矿视察，对油田成就和孙越崎艰苦创业的精神大加赞扬，从此对他逐步提拔重用。

策划把旧资源委员会厂矿企业人员完整地移交给新中国

1947 年 5 月，孙越崎先后被任命为国民政府资源委员会副委员长、委员长。这个委员会管辖着全国重工业、矿业、电力、制糖、造纸、化工等国有企业，有 121 个总公司 1000 多个大中型企业和若干勘察设计院、研究所和地质调查等单位，有3.2万多名技术管理人员，其中40%以上是大学生，有3000多名留学的高级技术人才，有70多万名工人，其中20多万名技术工人。

在解放战争不断进展中，孙越崎认清局势，为了保护中华民族仅有的一点工业家底，防止国民党的破坏和拆迁去台湾，力争要完整地移交给中国共产党，1948年10月，他借国民党社会部在南京召开全国工业总会成立大会的机会，把参加会议的资委会外地厂矿企业负责人和机关本部的一些负责人40多人召集一起，在机关内开秘密会议。会上，他分析局势，认定共产党必胜，动员大家留在大陆，部署"坚守岗位，保护资产，迎接解放，办理移交"的决策，让与会人员回去内部传达并作好具体安排，安定人心，获得大家的理解赞同和热烈响应。会后，大家冒着风险，护产护厂，拒迁台湾，最终资源委员会的全部设备、物资、财产、人员、档案等完整地移交给了人民解放军。这是在国民政府机构中唯一完整移交的文职单位，在解放接管时受到了陈毅司令员的特别表扬。

在国民党败退前，1948年12月的一天，蒋介石召见孙越崎，要他把南京地区五个工厂（电照厂、无线电厂、有线电厂、电瓷厂和马鞍山机械厂）迁往台湾。孙越崎以经费与运输等困难为由推辞，但蒋介石态度坚决，限1949年1月11日前迁出南京，装运台湾。孙越崎一再应付拖延，假拆不迁，停滞码头。待蒋介石下野后，他又积极争取李宗仁代总统支持不迁。但蒋介石仍命令京沪杭警备总司令汤恩伯继续督促孙越崎拆迁。孙越崎冒着极大的生命危险，强调没有车船，敷衍应付，终因局势发展迅速，汤恩伯急于撤退逃离顾不上再追查，南京五厂最终得以停迁，保留下来。

1949年4月下旬，孙越崎赴上海安排好资源委员会迎接解放的工作后，为掩护资委会不迁广州，他自己去广州向国民政府行政院院长何应钦报到，并抓紧时机，向华中、华南、西南待解放区的资委会厂矿企业发放应变维持经费。5 月底，孙越崎辞职，脱离国民政府逃往香港。他在香港策划了资委会国外贸易事务所起义，把价值数百万美元的稀有金属矿产品移交给了人民政府。

1949 年 11 月初，孙越崎在中共香港组织的帮助下，从香港乘船返回大陆，到北京参加人民政府工作，受到周恩来总理的欢迎。在海途中，国民党军曾派四艘舰艇追捕孙越崎，因船长机警改道行驶，使军舰截错了船只，孙越崎幸免于难。

参政议政，为新中国社会主义建设服务

孙越崎抵北京后，被分配到中央人民政府财政经济委员会计划局任副局长，主管基本建设、天然资源和轻工业。他负责制定了《基本建设工作程序暂行办法》，强调施工必须先设计的原则。1952 年机构改革，他被调到河北唐山开滦煤矿工作。以后一个政治运动接着一个政治运动，他成为被审查对象，工作靠边站。"文革"中，他受到冲击迫害，但他坚信自己光明磊落，清正廉洁，相信党会实事求是。1973 年，组织上终于宣布对他解除隔离审查，从此他恢复自由。他很乐观地用补发的工资，带着老伴去祖国各地畅游。1976 年 7 月唐山大地震，他与老伴从废墟中被救出，回京养伤，又获得了党的关怀和重用。

孙越崎高度关心祖国统一大业，做了大量对台工作。他曾劝说国民政府行政院原院长翁文灏先生回归大陆；经常通过广播、报刊媒体对台宣传新中国建设成就、和平统一政策，呼吁两岸开展经济合作，互助互利、共同发展。"文革"结束后，他经常接待台湾来访的亲朋好友，认真做对外联谊工作，并为全国政协撰写文史资料。

上个世纪 80 年代，孙越崎在担任全国政协经济组组长和水电部组

织的三峡工程论证的特邀顾问期间，他以对国家民族负责的态度，认真查阅大量资料，向专家请教、实地考察、调查研究，就长江综合治理、三峡工程问题提出了不同看法和建设性意见，推进了国家重大建设项目向科学化、民主化发展。晚年他还用很大精力与时间，为原资委会人员平反昭雪，四处奔波，多方呼吁，不断向中央反映，1992 年终于得到江泽民主席亲自过问，加以妥善解决，他感到莫大的欣慰。

孙越崎先生一生跨过两个世纪、三个时代（晚清、中华民国、中华人民共和国），走过崎岖曲折的道路。他为振兴中华民族工业所作的不懈努力，以及忠贞不渝的爱国思想，脚踏实地的敬业精神，清廉朴素的生活作风，将与世长存。

航海界权威金月石

吴长荣　金宝山

中国航运界，有一位红色权威专家，名叫金月石。他不仅航海技术超群，更具有炽热的爱国心。他从 1919 年起，便追随革命，追求进步，最后成为中国共产党的诤友，为新中国的航运事业作出了特殊的贡献。

倾向进步，策动起义

金月石，1893 年出生。满族，辽宁铁岭人。祖上属叶赫部落，姓那拉氏。父亲金益斋，任过晚清县官，携全家南下杭州定居。次年，金月石出生，他在西子湖畔度过了快乐的少年时代。

金益斋在杭州当文化教员，思想开明，不主张子女做官，希望子女学一门技艺，作为安身立命的本领。金月石 7 岁时入私塾攻读，14 岁时辍学，奋力自学，于 1911 年考入上海吴淞商船学校。这是中国最早的专门培养航运人才的学校之一。首任校长萨镇冰非常赏识金月石，特地赠送一幅骑马的照片给他，以资鼓励。

1915 年，金月石离开吴淞商船学校，在一家轮船公司当驾驶员。1919 年，经陈白涛介绍，金月石加入了同盟会，追随孙中山先生，并两次受到这位伟人的接见。1926 年，奉命赴广州接受革命任务。返沪后，为策应北伐军攻打上海，他带领妻兄冯若舟，潜入陈家木桥一家旅舍，将一批军火装车，秘密送到江南船厂。

北伐军进军上海时，金月石对海员发表演讲："我们应该发扬省港大罢工精神，配合北伐军，立即举行起义！"当时有好心人提醒金月石："你可要小心呀，被抓了要杀头的！"金月石说："为了实现孙中山先生天下为公的理想，为了拯救国家，我什么都不怕。只要能够打倒军阀，死不足惜！"在他的策动下，停泊上海港的数十艘江海船只的海员听从召唤，加入了上海工人第三次武装起义的行列。起义那日，金月石跑到外滩码头上，亲手点燃了起义的信号。1927 年 4 月 12 日，蒋介石发动反革命政变。金月石带头拿出多年的积蓄，资助起义骨干逃离上海，或将他们藏在船上，带到香港。他认识几位中共高级领导人，悄悄地将他们带到船上，化装成船员，送到长江航线上的九江码头，就近进入江西解放区。

挺身卫护，收回航权

1925 年，32 岁的金月石向交通部申请船长证书，得到批准，拿到了"甲种船长"的证书，他是我国最早的海轮船长之一。

同年 10 月，一家航运公司聘请金月石到福庆轮当船长。未料，任上海港港务长的洋人百般刁难，借口"金太年轻，不能当船长"，不肯签证。公司老板多方奔走，用钱疏通，才拿到了证书，自此金月石成为正式船长。这件事对金月石刺激很大。

1926 年，中国商船驾驶员总会宣告成立，金月石当选该会委员。从那时起，他联络同人，又是奔走呼吁，又是写文章刊于报章，大声疾呼，要求维护国家的航运权，收回引水权！

1940 年，金月石与郄鼎锡、黄慕宗等航运界权威人士商量后决定，在重庆重建中国商船驾驶员总会，并设立重庆分会。登报发布公告，欢迎留渝航运业团体参加"卫护中国航权大会"。当时留渝的中国招商总局、民生实业公司等数十家单位的主要负责人和交通部、外交部条约司的代表出席，声势浩大，影响远及海外。大会一致通过了"收回航权计24 条"的提案。抗战胜利后，我国与英、美、法谈判中，依据上述提案，载明了"航权收回"的条文。它的意义等同于"收回租界"，这是与列强进行斗争的一次重大胜利。金月石激动地说："这不能不说是自鸦片战争以来，中国外交上最令人高兴的一页条文！"

抗战胜利后，中国航运权刚收回，国民党政府又颁布"内河航权开放"（即四口通商）的命令，以满足美国为首的帝国主义国家侵犯我国水运主权的要求。此事在我国航运界引起了轩然大波。金月石异常愤怒，在《文汇报》《联合日报》等报刊发表大量的文章，批判"内河航权开放"论，指责当局"媚外，有丧主权，大失人心"！

由于金月石和航运界、新闻界的反对，当局被迫收回了"开放内河航权"的主张。

引水权是国家主权的一部分，金月石历来主张坚决收回，引水员应由中国人担当。他在公开发表的文章中指出："自鸦片战争后，英国人赫德做了我国总税务司司长时，蒙蔽清政府，用考试法排挤华人，从此引水员再没有中国人。"看到上海港的引水员全部由洋人把持，非常愤慨。他邀约许多驾驶员，发起收回引水权的斗争，说："华夏民族的聪明才智，可与世界上任何民族媲美！"

经过金月石、黄慕宗等人长期不懈的斗争，上海国际引水公会作出让步，在 40 名引水员名额中让出一个名额给中国人，这个名额交给驾驶员李高昌。1935 年，国民政府决定该引水员公会中国人名额增加为四人，再要补充三人。金月石申请担任引水员。当时主持补充引水员事务的英国人港务长故意报复刁难，他对金月石说："你当了九年船长，资格很老，技术也很好，符合引水员条件。不过你经常在报纸上发表文章，主张收回引水权，与我们捣乱，上海引水员公会对你没有好感，所以都反对你担任引水员。"最后，三个引水员名额补给何海澜、杨洪麟、朱哲。金月石落选，他并不感到失落，相反为之庆幸地说："扩大了中国引水员队伍，说明我们胜利了！至于我未当上引水员，无所谓。"

1945 年抗战胜利，按照国际公约，中国政府收回租界，同时收回引水权。交通部航政司船员课课长王洗找金月石谈话，请他提出引水员人选。金月石开出十多名船长、驾驶员名单。1947 年，这些候选人都拿到了引水员执照。同年 9 月，金月石、秦铮如、马家骏等 18 名船长、驾驶员组成上海长江口铜沙（航道）引水筹备会，推选金月石任主任。年底，外籍引水员借口增加工资，全部罢工，使泊在上海港的所有海轮都无法出港。这时金月石挺身而出，首先引领一艘万吨级海轮，稳稳地驶出了上海港，进入浩瀚的大海。外籍引水员罢工失败，一个个垂头丧气。不久，上海引水员公会与金月石主持的铜沙引水筹备会合并，取名"上海铜沙引水公会"，当即决定：今后不得再增添外籍引水员。1949 年 5 月上海解放，上海港的引水员全部由中国人担任，这是自鸦片战争以来近 100 年的第一次壮举。

同仇敌忾，投身抗日

1932 年 1 月 28 日，"一·二八"事变爆发，日军疯狂地进犯上海闸北地区。"公平号"货轮从宁波驶往上海途中，船长金月石听到广播，怒不可遏。船靠泊上海十六铺，他就取出一把自卫手枪，一路狂奔，赶至我十九路军阵地。中国士兵误认穿便衣的金月石是"奸细"，将他抓了起来。经招商局出具证明，才将他保释出来。回到家里，想到眼下天寒地冻，即命妻子冯振眉从银行里取出存款，买来大量的布料、棉花，用车拉到西门路西湖坊自己家中。又请来六七名女邻居，连夜赶制军棉衣，送往前线，慰问抗日将士。同时取出一只银杯，捐给抗日团体，换钱用于支援前线。这只银杯是他一次驾船在海上抗击台风 17 个小时，安全返航，一个外国友好团体赠送给金月石的纪念品。

1937 年爆发"八·一三"事变，金月石不顾父兄的反对，毅然辞去船长职务，于同年 10 月 3 日夜出发，跋涉数千里，远赴重庆，参加抗日斗争。那时民生实业公司总经理卢作孚正在组织水上运力，抢运军用物资和长江中下游企业的重要设备进川，慕名聘请金月石任"民生"顾问。

一天，走在重庆陕西路一条街上，遇到一位身穿笔挺西服的高个子中年人。他悄声作了自我介绍："我叫阎宝航，是中共中央派我来找您的，主要任务筹集抗日经费。"金月石心领神会。他利用出入舞厅、搓麻将的机会，为阎介绍了许多货主，做成了一笔又一笔生意，使共产党赚了一大笔钱。

在重庆期间，金月石结识了许多中共要人和民主党派领导人，其中有领导"东北救亡总会"的高崇民和爱国民主人士、大学者郭沫若、侯外庐、邓初民、王昆仑等。阎宝航、闵刚候还介绍金月石加入中国民主革命同盟，从事抗日进步活动。金月石对反动分子则疾恶如仇，不与他们合作。1940 年的一天，金月石、黄慕宗受邀赴宴，中统特务头子韦某也在场。一些国民党分子起哄："韦老是我党的要人，你金先生要在重庆站住脚，就要拜韦老为老头子。"金月石严词坚拒："我金某靠本事吃饭，从不趋炎附势！你们到厨房去拿菜刀砍我头可以，老头子我绝不拜！"说得那帮国民党分子哑口无言。

甘冒风险，保护同志

抗战胜利后，高崇民根据周恩来的指示，率领一批东北干部，欲火速从重庆返回东北，配合我党北上的战略部署。高崇民与金月石同为民盟会员，相识很久。高很相信金月石，于是登门拜访金月石，向他求救。金月石将高崇民改扮成账房先生，其他人改扮成随从伙计，骗过了特务的眼睛。金月石掏钱为他们购买了去辽宁营口的船票，又亲自将他们送上船。他与船长是好友，再三嘱咐："这些东北人都是我的好朋友，到营口去做生意，一路上请多关照。"就这样，高崇民一行安抵营口，转道本溪解放区，向中共东北局报到。

此前不久，高崇民的秘书、中共地下党员孙汉超、日本进步女作家绿川英子等一行六人，于 1946 年 1 月 11 日从武汉秘密起程，赶赴上海。他们找到了时任中国招商总局顾问的金月石请求帮助。金月石考虑周密，找一位同情革命的船长，拜托他给予掩护。那位船长将孙汉超等六人秘密藏在船尾一间又窄又杂乱的货仓里，每日三餐为他们送去年糕。过了半月，轮船出了吴淞口，驶向秦皇岛。抵达后，孙汉超等换乘火车，于同年 2 月到达沈阳。

抗战胜利后，金月石从重庆返沪，住在虹口区多伦路 201 弄东方村 8 号。住在附近溧阳路的有很多爱国民主人士和文化艺术界人士，其中有郭沫若、柳亚子、邓初民、大画家黄宾虹、大书法家沈尹默，他们是金家的常客。为了遮人耳目，金月石请木匠打了一张精致的麻将桌。民主人士们边打麻将边谈论时事。郭沫若离开上海赴香港前，将 1000 多美元交给金月石代为保管。金念旧谊，还介绍郭的夫人于立群的姐姐于立照到驾驶员总会工作。

历史学家侯外庐受到国民党的迫害，在逃亡香港前，曾在金月石家藏身半月之久。

1947 年，金月石兼任吴淞商船学校教授。当时上海地区学生掀起了反内战，反饥饿，要民主的运动。同年夏天，驾驶系学生王重斌、颜家骥、王烈忠等因参加进步学运而被勒令退学。金月石伸出援手，将他们介绍到私营轮船公司当驾驶员，后来这三人在解放后都升任船长。

抗战胜利后，金月石主持驾驶员总会四年，他把总会作为进行革命活动的据点。购买大量白纸，提供给进步学生用于印制传单；向地下革命者、复旦大学教授吴觉农提供美元，作为活动经费；妇女领袖、地下党员曹孟君托金月石安排靳为霖工作，金任命靳为总会秘书，通过他与地下党组织取得联系。

1948 年的一天，金月石对内侄女冯纯贞说："今天你要守住电话，一位'苏北大将'可能要找我。"果然下午来了电话。约摸过了一小时，五六位上海民主团体负责人陆续来到。他们聚在一间会客厅里，听取"苏北大将"传达中共中央关于时局分析的内容。新中国成立后，金月石对冯纯贞说："你知道那位大眼睛'苏北大将'是谁？他就是王炳南（新中国成立后曾任驻外大使、对外友协会长）。"

国民党特务查明金月石有"通共"的嫌疑。地下党组织安排金月石秘密前往北平。他由靳为霖陪同，假扮成大老板，改名"唐乐天"，搭乘法国邮轮"诺曼底号"，驶往香港。在潘汉年的安排下，再从香港乘船至山东烟台港，搭汽车到济南，转火车北上京华。同行的有电影明星白杨、作家柯灵等名人。

总理接见，不辱使命

1949 年 5 月 10 日，金月石等抵达北平。周恩来在百忙中先后三次在中南海接见金月石。

周恩来以征询的口吻问金月石："如果新中国航运量翻一番，国家要用多少钱购买多少船只？"金月石历来重视收集我国船舶吨位资料，他用船舶总吨位的具体数据和船舶周转运量，对答如流："解放了，海员当家做主，积极性高了，可以加快船舶周转，运量翻一番，不必增加很多船。"对于航运业的发展，他向周总理提了很多建设性意见。后来在一次大会上，周恩来总理作报告，引用金月石提供的航运数据，来阐述经济建设的规模、速度，金月石听后非常激动，感到无比光荣。

5 月 27 日，金月石在北平新华广播电台发表题为《彻底摧毁反动政权，中国航业才有出路》的讲话。此次讲话通过电报，传至四面八方，在上海乃至全国航运界引起了巨大的震动。各地海员在地下党的领导下组织起来，进行护船、护厂斗争，迎接解放。

1949 年 6 月中旬，金月石随潘汉年南下组回到上海，被任命为上海市军管会航运处顾问。不久，周总理亲自任命金月石为上海市政建设委员会委员。他在电话中对潘汉年说："金月石是难得的人才，你们要关心、重视他，充分发挥他的作用。"

同年年底，金月石收到留在香港的民生实业公司总经理卢作孚的来信，诚邀他赴港面谈，意在了解共产党对民族工商业的政策，考虑是否率船队回归大陆。

金月石请示航运处处长、军事总代表于眉。于眉曾同意金月石赴港，并作了指示：一、动员卢作孚回来；二、动员香港招商局和泊港的船只海员起义……

金月石抵达香港当天，就去找卢作孚，开门见山地说："卢兄，你为人正直，一向爱国，共产党很了解你，希望你早日回来，投入新中国的建设。"他还列举了周总理三次接见他、重视航运业建设的事实。卢作孚听到这些话，心情愉悦，回答说："听了你的介绍，我心里踏实了。"1950年2月，卢作孚离港赴川，同时秘密令留在香港、新加坡、日本和台湾的数十艘船舶，先后伺机驶回了大陆。他是"中国船王"，其投向新中国的影响力是巨大的。

接着，金月石去拜访香港招商局副经理兼总船长陈天骏。他俩也是好朋友，陈听了金介绍的共产党政策，加上后来黄慕宗的劝说，毅然参加了本局和13艘泊港船只的起义。

国民党侦知金月石在香港策反成功后非常恼火，遂下达了通缉令。在布置暗杀上海军政要人和名人的黑名单中，也将金月石列入其中。金月石毫不畏惧，轻蔑一笑："我与国民党斗了几十年，还怕它打黑枪吗？"

周总理一直记着金月石的名字和他的贡献。1955年，他提名金月石为上海市第一届人大代表候选人（后以高票当选）。1957年6月，交通部任命金月石为上海港副监督长（局级）。

1955年，高崇民赴沪公干，专程赶到永福路253号金月石家中，看望这位患难与共的老朋友。下了汽车，一进金府，他就大声喊道："金老，金老，我来看望您了！"紧紧握住金月石的手，激动地说："十年前，您救了我，您是我的救命恩人呀！"金月石得知高崇民不是中共党员，开玩笑说："我来介绍您加入中共，怎么样？"高崇民哈哈大笑，答曰："好啊，我俩一起加入中共！"

"文革"中，金月石被打成"反动学术权威"受到迫害，写了申诉书，找人带给周总理。正巧，在外贸部工作的孙汉超到上海出差，抽时间去拜望金月石。他看到了这份申诉书，猛拍桌子说："您对革命有贡献，我就是证人！"

1977 年，金月石因病逝世，享年 84 岁，走完了辉煌而传奇的人生之旅。

朱枫与图书出版发行事业

周　岩　周建新

朱枫（朱谌之），原名朱贻荫，女，1905 年生于浙江镇海，1921 年就读于宁波女子师范学院。朱枫出身于富家，从一位大家闺秀成长为一位中共党员和地下工作者。1950 年 6 月 10 日，朱枫于台北马场町刑场英勇就义，年仅 45 岁。岁月不断流逝，朱枫烈士在台湾牺牲已经过去 59 年，而其夫朱晓光同志逝世也已 9 年。朱枫夫妇早年投身革命，在抗日救亡活动中毁家纾难，曾参加皖南新知书店的工作。在那里，他们开创了我国图书发行工作者随军流动供应、送书到部队等为兵服务的先河。70 年过去了，这些往事依然回荡在人们的脑海中。

投身抗日救亡活动

1937 年"七七事变"后，在朱晓光的动员、推动下，朱枫毅然抛弃富贵优裕的生活，加入抗日救亡活动的行列。在大家一致的推举下，朱晓光担任宣传队队长，她担任救护队队长。

朱枫邀集了包括朱晓光在内的抗日伙伴们，借镇海民众教育馆举办义卖展览，把自己多年的字画创作、收藏的金石书画、手工编织、刺绣缝纫等物品，标价出售，得款全数捐出支援抗日救亡活动。她还在自家20多间房子的住宅里，办起了"镇海工艺传习所"，收容各地流亡来镇海的抗日青年，传习技艺。此外，她还创造性地组建了三个货郎担式的抗日救亡宣传队，先宣传，后售货，流动在城乡，向广大人民群众宣传抗日救亡活动。当日军飞机轰炸扫射时，她的传习所、宣传队、救护队就一起出动。会同当地唯一的一所同泽医院的医护人员，进行战地救护，救死扶伤。朱枫还多方动员亲朋好友，参加歌咏队、演出队，宣传抗日救亡，她自己还在《保卫卢沟桥》《放下你的鞭子》等剧目中扮演角色。在此期间，朱枫为今后的出版工作积累了深厚的经验。

夫妇一起参加新知书店

1935年创办于上海的新知书店，是20世纪30年代中国出版史上的"奇迹"，它比生活书店晚建立三年，比读书出版社和新华书店早建立一年和两年，它的发起人钱俊瑞、徐雪寒、华应申等都是左翼文化战线上的共产党人与进步知识分子，多数没有固定职业，仅有稿费收入。他们的生活十分清苦，却胸怀大志，心忧天下，在亭子间里办起了书店，大家你10元、我5元地凑集资金，甚至拿一篇文稿来入股，其中一笔最大的投资来自邹韬奋——他以生活书店的名义投资1000元。就这样，一个白手起家、全靠同人合作，还要和国民党反动派的书刊查禁、"文化围剿"进行斗争的书店诞生了。短短两年，新知书店出版了数十种、上千万部（册）宣传马列主义、宣传抗日救亡活动的社会科学、文学艺术书刊，在抗战中产生了深远的影响，对宣传中国共产党团结抗日的路线、方针和政策，帮助读者，特别是国统区的广大知识青年提高爱国主义觉悟起到了重要的作用。新知书店和当时已在国统区有很大影响的生活书店、读书出版社以及战斗在敌后根据地的新华书店等一道把我国的革命出版事业推向四面八方，同国民党顽固派掀起的多次反共逆流做斗争，成为党在宣传战线上的生力军的前哨阵地和坚强堡垒。

1937 年底，沪、宁相继沦陷，东南形势吃紧。朱枫与爱人朱晓光携带老人和小孩离开镇海老家，长途跋涉，到达当时的抗日中心武汉。在朱晓光二哥朱曦光的介绍下，朱枫与爱人朱晓光双双参加了新知书店。为了支持革命出版事业，朱枫变卖家产，将所得 500 元大洋向新知书店无偿捐赠，成为书店的"股东"，结识了新知书店负责人徐雪寒、华应申等同志。其后，受总店委派，朱枫和朱曦光去上海，为书店采购印刷出版物资。在沪期间，因资金不足，朱枫毅然变卖了祖母珍贵遗物——一只三克拉的金钻戒，得款 3000 元，无偿支援了新知书店。她用这笔款购买了日本生产的薄型纸 50 令，并冒着生命危险押运所购物资，取海路绕道香港再溯东江，转运到桂林，有力地缓解了新知书店的物资短缺。

1939 年夏，朱枫与爱人朱晓光一起从内地返回浙江金华，朱晓光参加新知书店金华分店工作，不久又被分派去皖南新四军军部开办"随军书店"，朱枫则协助中共特派员华云游、张一之等并捐款 800 元大洋协助台湾爱国人士李友邦组织抗日武装台湾义勇队和少年团。为了早日奔赴抗日前线，更好地完成新知书店派赴皖南新四军军部为兵服务的随军书店的工作，朱枫将刚满周岁的儿子朱明托付给其大姑朱英抚养，又将九岁的女儿沈珍送入了"台少团"。朱枫于 1939 年秋来到随军书店，和朱晓光一起分工负责中村书店门市部的工作，她一面为干部、战士、学员等供应书刊，搞好服务；一面也经常去教导队听首长和专家们讲课。她接受艰苦环境的锻炼，和新四军官兵打成一片。虽然工作辛苦，但心情舒畅，并与关心书店工作的新四军的高级将领叶挺、项英、陈毅、李一氓、钱俊瑞、夏征农等人建立了深厚的革命情谊。

开创我国图书发行为兵服务的先河

新四军成立后，许多进步人士纷纷加入，新知书店的创始者之一的薛暮桥也在新四军中任教导总队训练处处长。薛暮桥提出，新知书店应该在新四军中设点。于是，武汉新知书店派朱晓光二哥朱曦光到达皖南，在军部所在地云岭建立了皖南新知书店。皖南新知书店是新四军的第一家随军书店，得到了叶挺、项英、陈毅、李一氓等人的重视、关心与支持。项副军长亲自签署一份名片交给朱曦光，让沿途各兵站和派出所为书店向前方将士运送书刊提供方便。书店得到了邹韬奋的支持与加盟，自开业后也一直受到新四军广大指战员的欢迎。1939 年 5 月，朱晓光进入皖南接替二哥的工作，在离云岭不远的中村开办了第二家随军书店，接着又在泾县县城里、章家渡和茂林镇利用几家卖旧书和文具的商店设立书刊代销处，及时供应上海、金华、温州和大后方城市辗转运来的各类书刊，同样受到部队官兵和当地群众的欢迎。

中村是新四军教导总队的驻地，总队下属八个学员队，分散居住在书店附近的村落里，每期培训人数都很多，且严格按延安抗大教学原则，有很高的要求，因此，中村随军书店的发行任务也很重，除了满足教导总队的教学用书和面向广大指战员的门市服务外，还要协同云岭的随军书店、代销处组织"流动供应队"，将急需的书刊送到新四军远在江北和苏南的各个支队去。书店人手最多时也只有十来人，同时组织了三个流动供应小分队（每个小分队三至五人，其中一两个是书店熟练业务员，两三个是挑夫。每次去部队流动供应，少则三五天，多则半个月到一个月不等）。朱枫是唯一的女性，人手少时也就是她和朱晓光夫妇两人，任务繁重与忙碌可想而知。

尽管任务重工作忙，朱枫夫妇和书店工作人员也不时抽出时间去村头晒谷场上旁听学员们上大课，跻身于来自天南海北五湖四海男女青年人的行列里，同学习、同歌唱。当时不少部队首长和名人专家学者都来教导队上课、辅导、教唱革命歌曲，也来书店看书、买书、订书，问长问短，关心书店人员的生活与学习，还提出改进工作的意见和要求（关于向各部队流动供应送书到部队，为兵服务的建议就是陈毅同志提出后经军政治部作出正式决定后由书店组织实施的）。

一次，陈毅同志到军部开会，看了云岭的书店，又特地来到中村书店，他看到中村书店墙上挂着一块白竹布，上面抄写着《随军书店流动供应队队歌》，兴致勃勃地用一口四川口音念起来："在工作中学习，在战斗中生活，我们是抗日救国的文化轻骑兵，我们是传播马列主义精神食粮的运输队，我们是发行革命书刊的流动供应队。"念罢歌词，陈毅问朱晓光：这队歌是谁做的，去一支队流动供应何时出发？朱答是书店人员集体创作的，去一支队流动供应下周出发。陈毅同志听后很高兴，接着又问：白竹布上书写供应队之歌的字是谁写的？朱晓光指了指正在屋角里打算盘的朱枫。陈毅走到朱枫面前说："你这位大姐的书法很有功力呀。""陈司令过奖了，"朱枫笑着回答，"我在《抗敌报》上看到您的亲笔题词，那才叫笔力千钧呢！""不敢当，不敢当，"陈毅摇手回答，"不过，我们新四军要打败日本鬼子，不但要靠手中的枪和炮，也要靠笔杆子呀，你们做宣传文化工作的，送书到部队，为兵服务，就是拿笔杆子的队伍，也光荣得很啊，重要得很啊！"随后陈毅又向朱晓光要了流动供应队的书目清单，并且详细了解他们出发的路线、日程等计划，还向朱晓光与书店工作人员介绍了前方的敌我情况和下连队为兵服务等要注意的工作方法等。陈老总亲切的态度和切实的指点，给朱枫夫妇和书店工作人员留下了极为深刻的印象。

教导队里有个有名的"女八队"也驻在中村，和书店在一个村里，所以不少女兵们，特别是那些来自上海、南洋的女青年，就常常到书店来翻看新书刊，还请书店为她们收发转寄包裹和信件。早已离休的林琴、童紫、夏云等都是当年"女八队"的学员，她们回忆说："朱枫为人诚恳热情，很快就和我们搞熟了，我们这些上海姑娘，家里常有信件和包裹寄来，寄到部队要保密，又不方便，我们就都请书店朱枫大姐代收代发，她也从来不厌其烦，热情相助。"

一心为公的工作作风

武汉撤退后，新知书店总管理处前往桂林，受八路军驻桂林办事处领导。在桂林期间，朱枫大部分时间分管邮购书籍工作，她把这项工作视为传播革命火种，做得一丝不苟。随着第三次反共高潮愈演愈烈，大批进步书店遭到查封，革命书刊被查禁的也越来越多。"皖南事变"后，朱晓光被捕入狱，来新知书店捣乱的特务们越来越多了。以新知书店名义寄出的书刊，读者普遍反映收不到。这时候，有位读者来信求购一本《论共产党》。朱枫询问邮购科，回答没有；询问各家书店门市部也没有。最后，在新华日报社门市部找到一本，立即买了下来，并且考虑到如果用新知书店名义寄，又可能收不到，最后她决定用"朱谌之"的名义寄出。这位读者终于收到了朱枫历尽千辛万苦、又冒着极大风险寄出的这本《论共产党》。

许静、石立程等三联书店老同志回忆说，"20 世纪 40 年代，我们和朱枫同志一起都在桂林新知书店工作。那时候，朱枫同志大多是黎明即起开始工作，等到大家起了床，吃过早饭开始工作的时候，她已经处理完一大堆事务和读者来信了"，那时，"在潮湿的办公室里，暗淡的豆油灯下，她边摇蒲扇驱赶蚊虫，边为读者复信"，"为了解答读者的问题，她常常翻阅大量资料，在白色恐怖条件下，既要周到贴切，又要防止落下政治把柄，斟字酌句，是很不容易的"，"这方面朱大姐处理问题的老练周到，令人叹服"。

1942 年 4 月，朱晓光和战友从上饶集中营成功越狱，朱枫赶去接应，两人从桂林途经贵阳，于 1943 年辗转到达重庆，与重庆八办取得联系。在重庆期间，看到由于经费短缺，重庆新知书店受到很大影响，朱枫迅速接手管理书店创办的副业机构"珠江食品店"，协助中共中央南方局派来的梁海云，将食品店经营得井井有条。每天从食品店提取 1000 元法币，支援新知书店的革命出版工作，基本实现了上级的"以商养文""以副养店"的部署，同时为我党与重庆进步人士的交流提供了联络场所。

1944 年，朱枫和朱晓光离开重庆去上海，参加新知书店驻沪办事处筹备中的"同丰行"工作。由于书店混进了投靠汪伪特务的人，"同丰行"大部分同志被日本宪兵逮捕。朱枫由于主要担任对外联络，常常不在书店，因此得以幸免。此后，朱枫立即联络其他同志，转移了"同丰行"埋藏的存款、账本、支票本和其他文件资料。后来，为了阻止敌人抓捕无辜人士，朱枫向日本宪兵"自首"。由于朱枫的"自首"，敌人将此次"事件"作为"经济案件"处理，朱枫和其他同志被陆续释放。

1945 年，经史永、徐雪寒介绍，张唯一批准，朱枫在上海加入中国共产党。由于工作需要，朱枫调离图书出版事业，到我党上海贸易、情报部门继续从事革命工作。

杨宝庆：拉着一机舱银圆起义

肖邦振　杨民英

1923 年 8 月，杨宝庆出生于河北省曲阳县一个农民家里。七七事变后，他随家人逃难到河南西川时，盘缠耗尽。全家经过商议决定，留下杨宝庆和表姐及三婶，其余重新"打道回府"回曲阳。于是，杨宝庆得以在战乱中继续学业，就读国立第一中学。

立志"航空报国"当了飞行员

1941 年，初中毕业后，杨宝庆报考了成都陆军军官学校，但遭到三叔的反对。为此，杨宝庆一狠心，独自出走到了四川。

1942 年底，杨宝庆听到空军军官学校招生的消息后，不禁心潮澎湃。在当时，空军可是一件光荣而体面的事，街头宣传画也都是报考空军的。正是怀着"航空报国"的热忱，杨宝庆考取了空军军官学校第16 期。之后，杨宝庆到昆明学习英语，赴当时设在印度的拉赫尔学校进行初级飞行训练。因为美国人不承认在印度的"学历"，在那里只待了三个月，杨宝庆又和其他中国飞行员一起赴美国重新学习驾驶初级教练机。

1944 年初结业回国时，他们搭乘的是一艘小货船。岂料，在太平洋上被一艘日本驱逐艇盯上了，小货船不得不在赤道附近来来回回地穿梭了三个多月，才把日本人甩掉。最后，杨宝庆那一期的飞行员，经由印度加尔各答，抵达重庆白市驿机场。他被分配在重庆中美混合团三中队任少尉飞行员，驾驶 B–25 轰炸机，直接参与对日作战。一次，为了切断日本人的后路，阻止日本人向武汉撤退，杨宝庆他们九机编队出击，轰炸河南花园口黄河大铁桥取得成功。

日本投降后，全国同胞欢欣鼓舞，杨宝庆满以为可以回家探亲了。可是，国民党政府蓄意挑起内战。1945 年 9 月，杨宝庆被调到空运十大队一○二中队，飞 C–47 型运输机，运送国民党军队去东北打内战。杨宝庆没想到自己被迫做了打内战的工具，"航空报国"的愿望难以实现，一想起来就深感痛心。

1946 年，杨宝庆与辅仁大学女学生刘毓璞结婚。此时，杨宝庆已调到北平。1948 年 10 月，为了挟制飞行员，国民党将他们的家属送到了台湾，杨宝庆的妻子带着两个儿子和其他亲属到达台湾嘉义机场，家尚未安置好，儿子却生病住院，危在旦夕。这时，上司又派杨宝庆到南京驻防，不停地在台湾和大陆之间穿梭运送兵员和物资，帮助国民党撤退。杨宝庆反对内战、追求和平的愿望日益强烈。

"钱不是我的，连飞机都不是我的"

1949 年 2 月 18 日，杨宝庆从太原被调到西安执行任务，在西安机场巧遇二十大队飞行员、同样执行飞行运输任务的姐夫赵连景。杨宝庆向他诉说了自己的苦闷心情和向往解放区的想法，并且一起分析了当时的形势。姐夫说："我看国民党腐败无能，大势已去，你还是飞向解放区，去投奔共产党，另找出路吧！你先走一步，我以后也走这条路。"经过一番权衡，杨宝庆终于下定了驾机起义的决心，他把身边的钱交给了姐夫，托他带给在台湾的家属，并告诉他："如果自己不死，到了北平会通知你，请你及早把我妻子送出来；若遇不测，请将这些钱交给她做生活费。"

说干就干！2 月 19 日晚，夜幕笼罩着西安机场，被哨兵铁桶般警卫着的偌大机群静立黑夜之中。杨宝庆带着准备的锯子、钳子和手电筒进入机场。姐夫赵连景告诉他："在机场门口的跑道头，有一架二十大队的 C－46 型运输机，是从兰州飞来的。你就驾那架飞机走吧！"杨宝庆点点头，大摇大摆地走进机场，接近飞机时，他一下闪到机腹下，先检查了飞机，取下了起落架上的轮挡和机翼上的夹板、蒙布，心情十分紧张。之后，杨宝庆用钳子扭断了机舱门锁，进入机舱后心情才稍稍安定。紧接着，杨宝庆打开飞机上各种开关，检查各种仪表工作是否正常，并检查了飞机油量，以确定着陆地点。根据油量计算，飞机完全可以到达北平。待至午夜 2 点，正当人稀夜静之时，杨宝庆迅速开动飞机发动机起飞了。等哨兵发现时，杨宝庆早已腾空而起飞入云层。

杨宝庆在机场上空爬到一定高度后，直接向北平方向飞去。由于飞机在云层飞行，又无地图，杨宝庆驾驶的 C－46 飞机偏离了方向。三个多小时后，杨宝庆开始下降高度，当他看清下面城市不是北平，而是唐山时，油料耗尽的飞机已直朝下栽。

此时，天已黎明，杨宝庆依稀见到下面一片开阔的河滩，于是决定在河滩迫降，凭着他的熟练技术终于成功了。只是由于飞机在河滩地上的冲击，杨宝庆撞落了几颗门牙，在半昏迷状态中，杨宝庆只想到一句话，我可回家了！周围的老百姓发现这架飞机，跑来一看，飞机上竟装满了银圆！天亮时，解放军唐山驻军的一位首长带着部队赶来，将杨宝庆送到开滦煤矿医院治疗。

不几天，杨宝庆真的到达了日夜思念的北平。在南苑机场，杨宝庆又见到了在唐山营救过他的那位首长，对方很惊奇地说："这不是我们的飞行员嘛！飞机上有好多银圆，是不是你的私有财产？如果是还可以归还给你！"杨宝庆光明磊落，摇摇头笑着说："钱不是我的，连飞机都不是我的！"当时，国民党急着向台湾转移各种财产，想不到这架装载重金的飞机竟重新回到了人民的手里。

到达北平后，杨宝庆立即给在台湾的妻子发电报，问孩子的病好了没有？妻子刘毓璞见到是来自北平的电报后，知道丈夫已经顺利到达解放区。由于当时国民党空军还有从台湾到青岛拉货的运输机，妻子通过杨宝庆的朋友带着儿子和侄子四人乘坐货机到达了青岛，又通过封锁线，历经辗转到达了济南。"我丈夫叫杨宝庆！"解放区同志见到这么一个能干的女人，迅速帮助查找到了杨宝庆的电话。

1949 年初，杨宝庆奔赴济南接妻子到北平，一家人得以团圆。3 月的一天，第一位驾机起义飞往延安的刘善本找到杨家，让他们到华北航空局报到，夫妻俩双双参加了人民空军。6 月，杨宝庆赴东北齐齐哈尔空军航校任飞行教员，刘毓璞则留在华北航空局当会计。

有幸经历人民空军的"几个第一"

随着人民空军的发展壮大，杨宝庆有幸见证了人民空军创建初期的一些传奇故事。

1949 年 8 月，中国空军第一支飞行队的空运分队成立时，杨宝庆又驾机回到南苑机场，在此喜遇同是驾机起义的队友徐骏英、胡明涛等。

9 月，杨宝庆所在的飞行队接到命令，将在开国大典时列队飞过天安门广场。整个飞行队沸腾了，他们冒着身家性命的风险所期待的，不正是这样一个人民当家做主的新中国吗？

10月1日，天安门广场歌如海人如潮，杨宝庆和刘善本驾驶的C-46型运输机，作为受阅飞行的第五分队正在北京东面的通县上空盘旋待命。下午4时35分，17架飞机由驱逐机（九架）、轰炸机（两架）、运输机（三架）、教练机（三架）组成的编队如鸿雁临空，在毛主席和众多开国元勋的注目下飞过天安门上空。晚上，飞行员们被邀请到北京饭店欢聚，与党和国家领导人一同进餐。

国庆大典后，参加中国人民政治协商会议的代表们要返回各地。根据周恩来总理下达的任务，航空局安排杨宝庆等参加执行迎送党和国家领导人的专机飞行任务。杨宝庆机组接送参加中国人民政治协商会议的赛福鼎等同志回新疆，当日飞到兰州着陆，次日再飞往乌鲁木齐，在新疆曾随王震同志观看过话剧《小二黑结婚》。

还有一次，杨宝庆机组接邓小平、宋任穷等首长来京开会，在武汉机场停留时，首长在空勤灶与机组人员一起共进午餐。邓小平看到很丰富的饭菜，风趣地说："今天吃饭，我们占了你们空勤的便宜！"

1950年春，为支援人民解放军陆军部队进军康藏，杨宝庆由华北奉命临时调到西北，参加空运队执行空投任务，荣立二等功。

1951年11月，杨宝庆再次奉命调到牡丹江，作为三名教员之一参与培训新中国第一批女飞行员，后在成都太平寺改装苏联"里-2"运输机，在广汉机场放单飞。

经过严格训练和充分准备，由女飞行员驾驶的六架"里-2"运输机，提前一个星期转场到达北京西郊机场，于1952年3月8日在这里隆重举行了空运女飞行中队成立大会。上午10点左右，朱德总司令、邓颖超、康克清同志由空军刘亚楼司令员陪同，首先观看了飞行表演。只见女飞行员六个机组驾驶的六架"里-2"运输机，从西郊机场起飞，一架紧跟一架，飞临北京上空，并通过了天安门。然后，朱总司令等同志在机场接见了全体女飞行员。

为了保证女飞行员的绝对安全，刘亚楼司令员要求飞行时每架飞机一定要有男教员保驾。已经能熟练操纵飞机的女飞行员坚决不同意教员上飞机，说女飞行员飞行表演有男教员在飞机上，算啥子事啊！但最后还是坚决执行刘司令员的命令，杨宝庆与其他五名男教员上了飞机，不过飞行任务确实是全由女飞行员完成的。只是飞机落地后，当人们涌向飞机参观时，杨宝庆等男教员才不得不藏在飞机厕所里躲避。

3月24日，毛泽东主席在中南海接见全体女飞行员，杨宝庆等有幸参加，毛主席勉励她们努力学习，提高飞行技术，更好地为人民服务。杨宝庆深深感到这是女飞行员、也是一个飞行教员的极大荣誉。

4月16日，上级给女飞行员中队正式命名。中队长是陈志英，飞行员有秦桂芳、王坚、施丽霞、阮荷珍、黄碧云、武秀梅、万婉玲、周真明、何月娟、邱以群、伍竹迪、周映芝、戚木木14名同志。这就是新中国第一批女飞行员。

杨宝庆1955年6月停飞，1956年从空军某运输机师转业到四川省重工业厅。1963年，调中国机电公司。1985年离休。1988年，当选为四川省六届政协常委。祖国统一、振兴中华，发挥自己的余热。

海峡两岸一家人

——父亲黄纲存驾机起义之后

黄樱红　姚永明 整理*

　　在中华人民共和国成立前后，国民党空军飞行人员冲破严密的控制，先后有 40 多架各种类型的飞机、100 多人次驾机或随机起义归来。我的父亲黄纲存怀着满腔热血，为了国家的早日统一，1956 年毅然驾机从台湾飞回祖国大陆。父亲为祖国的统一而来，为光明而来，没曾想，这个统一让父亲等得太久太久，直到离世也没看到。

　　2010 年 2 月 8 日，台湾日月潭畔，有两位老人被十几位中年男女围着，一齐喊着"妈妈、妈妈，我们爱你"进行合影留念，围在中间两位饱经风霜的老人露出开心的笑容。他们的举动，吸引了众多游客的注意。当得知他们是大陆和台湾同父异母的兄弟姐妹在此相会，并且融洽得跟一家人一样，无数游客动容。然而，为了这一天，两家人已等得太久太久，50 多年了，一家人的团圆梦终于实现。

---

* 黄樱红，黄纲存之女。

父亲台湾驾机归来

我的父亲黄纲存原籍山东省夏津县，早年家里贫穷，替叔叔应征加入国民党军队。由于父亲勤奋好学，在部队百里挑一，考入了空军训练队，在印度和美国训练结束后，在北京休整期间，认识了清朝遗老的后裔卢桂芳。她毕业于辅仁大学外语系，是一个美丽且出众的女子。

卢家根本没有看好这门亲事，可卢妈妈却爱上了父亲这位英俊的军官，非他不嫁。结婚后，她就跟着父亲到了杭州。1949年3月，我的大哥黄心培在杭州呱呱坠地。时值国民政府溃败时期，父亲负责台湾和大陆之间的物资运输工作。后来，国民党政府要求军人要将家属全部接到台湾，这让他感到很不理解。

到达台湾后，父亲在部队负责飞行员教练工作，几年后，二哥黄心英、三哥黄心杰陆续来到人间。一次偶然的机会，他听到周恩来总理"革命不分先后、建设祖国什么时候都不算晚"的号召，决定寻机回到大陆。

当时正值中秋节期间，父亲买好电影票，将一家四口送到电影院门口，称先去部队看看，一会儿回来陪他们看电影。家人没有想到，电影散场后，他们也没有见到父亲。

父亲怀着再有几年就解放台湾的梦想，1956年8月毅然驾机来到大陆。在北京受到各界代表900多人的热烈欢迎。从山东省夏津县故乡赶到北京的爷爷、参加解放军的大伯、四叔都参加了欢迎大会。父亲在台湾时的朋友、以前起义归来的蒋军空军人员黄铁骏也参加了大会。

父亲虽然投奔了光明，但内心世界却是异常沉重的，因为他背负着对台湾一家人的情债，有着对他们的无尽愧疚……这份债，他一直深深埋在心底。由于海峡的阻隔，政治的对立，自己的妻子杳无音信。每当黑夜来临，父亲只有仰望南方的星空，寄托自己对台湾的爱妻和孩子们的无限思念，他多么希望，台湾尽快回归，祖国尽快统一，好让他们一家团圆。在北京休整期间，他专程去探望了卢妈妈的母亲和她的妹妹卢慧芳。父亲斩钉截铁地说："请放心，等台湾一解放，我就会接他们来见你。"

父亲哪里知道，此时远在台湾的卢妈妈，正在那里经受着一场政治风暴。

台湾妈妈的艰难岁月

卢妈妈带着三个孩子看完电影回到家中，发现父亲不在家。因为部队值勤是常有的事，当天并没有在意。第二天、第三天，还不见自己丈夫回来，卢妈妈有了一种不祥的预兆，她便打电话到丈夫所在部队询问情况。部队也没有告诉她实情，只是称执行任务去了。直到第四天，父亲在大陆公开露面并发表讲话，卢妈妈这才知道，丈夫真的回大陆了。

一时间，卢妈妈如坠雾里，她感到不解：自己与孩子难道做错了什么？为什么丈夫离开他们？想到丈夫经常在自己耳边愤怒地痛斥美国军人在台湾横行霸道，列举许多美军侮辱台湾妇女的事实，感觉国民政府太让他失望……卢妈妈心里明白：丈夫的英勇出走，是痛恨当局的结果。

在台湾当局看来，父亲的行为是"叛党"和"叛国"，他们绝不会容忍这样的人的家属有好日子过。于是，卢妈妈开始接受无休止的问话，并要随时准备接受当局有关部门的调查。为了躲避，卢妈妈由高雄搬到台中，每天身上背着一个孩子、车上拉着两个孩子，奔波于三个私立学校之间教外语，维持一家四口的生活。当局很快又找上门来问话，他们只好再到下一站躲避。一连搬了三四次家，将卢妈妈折腾得筋疲力尽。然而，怀着对丈夫和孩子的爱，再苦再累她都一直坚持。她一直期盼着大陆和台湾能团圆，自己的家也就团圆了。由于台湾当局对民众实行禁锢政策、封锁大陆消息，卢妈妈一直不能得到父亲的任何消息，只有天天盼、天天等，在苦熬中度日。

这一等就是几十年。

统一未果，大陆再婚

父亲回大陆以后，组织上考虑到他的特长，将他安排到新组建的位于四川的空军十四航空学校任副团长。由于父亲飞行技术好，教学认真，深得学员的爱戴。三年过去了，父亲一直将对台湾家庭的爱埋在心里。学校领导对他的生活很是关心，考虑到年纪不小了，组织上决定给他物色对象。但父亲却不同意，称自己在台湾有家室，根本不可能再娶。考虑到他的特殊情况，组织决定采取"循序渐进、各个击破"的方法，多方做工作，努力促成一桩美满婚姻。同校的一位热心老师杨世林愉快地接受这个任务，精挑细选，他便将自己在中学时代任教的优秀学生，远在山东济南师范学院就读的母亲田峰玉介绍给了父亲。

当时，母亲田峰玉一听父亲在台湾还有妻室，并且还有三个孩子，自己在学校是学生会干部，又是体育、文艺方面的骨干，她头摇得像拨浪鼓，根本就不同意，但中学时代教过她的老师杨世林一直称父亲黄纲存英明壮举，是英雄所为，航空学校也开了一张证明信，证明他在学校的优秀表现，母亲这才同意谈谈。

接下来，父亲和母亲便开始了长达三年的书信交流。三年来，两人始终没有见过面，但母亲的文笔却折服了父亲，尤其是妈妈一首《新中国颂》里的"红装山河多娇艳，意气风发大中华"这一句，彻底折服了父亲这个孤傲英雄。他决定要娶这位才女。

婚后，父亲不止一次地提起台湾卢妈妈及几个孩子的情况。为了表达对卢妈妈的尊重和愧疚，父亲带着母亲又去了一趟北京的卢慧芳小姨家，那时，外祖母已经不在人世了，小姨热情地接待了他们，当时因为天气较热，小姨还送给母亲一把檀香扇。同时表示，无论谁有了卢妈妈的消息，一定要及时互相通知。由于母亲还有半年才能毕业，结婚后又投入到紧张的学习中。由于接触时间不长，结婚分开后，母亲甚至都记不起父亲长的什么样。

经过半年的苦熬，父亲和母亲终于团聚，第二年，大哥黄心豪出生，紧接着，我也就来到了人间。紧接着，史无前例的"文革"开始了，由于父亲的特殊身份，也受到冲击，受到很多不公正待遇，被送到农场劳动，吃了不少苦，经受了无数的磨难。

两岸未团圆，斯人已故去

1978 年，通过落实政策，父亲调山东民航局任副局长。在青岛疗养期间，听到青岛没有民航的窘况后，决定让青岛这个美丽的城市开航，他跑济南、跑上海，在上海民航管理局进行汇报后，局领导当即召开扩大会议，经过论证，决定在青岛设点，让父亲拿方案。于是，父亲坐上吉普车，奔波于烟台、黄县等多处建导航点，经过和部队多次交流，部队腾出场地，为民航让路。1982 年 8 月 5 日，青岛落下了第一架民航飞机，开创了青岛民航的新起点。

1984 年 4 月的一天，青岛统战部的同志找到了父亲。当他们将一张照片递到父亲面前时，父亲顿时惊呆了，这不就是自己朝思暮想的在台湾的儿子黄心培吗？眼泪顺着面颊流了下来。1956 年他驾机离开台湾的时候，儿子才 7 岁。

原来，随着改革开放的不断深入，中国进出口贸易业务也延伸到世界各地。青岛市外经贸局组织的纺织厂商去美国考察市场，他们到旧金山的唐人街去了解情况，在街的中心部位，发现了一家丝绸商店，便向店老板询问部分丝绸商品的价格，当店老板得知他们是从山东来的时候，高兴地说："我原籍也是山东的，后来随父亲去了台湾，但我父亲已于 1956 年驾机回到了大陆，他叫黄纲存，我们已经 30 余年没有他的消息了。"得知丝绸老板的亲人还有这样的特殊经历，热情的李书亭当即答应下来："只要你的父亲还在人世，我们一定帮助你找到他。"归国后，细心的李书亭并没有忘记台湾老乡的嘱托，而是直接找到青岛市统战部，统战部的同志及时将这一喜讯告诉了父亲。

按捺不住激动的心情，父亲好不容易熬到傍晚时分，在妈妈田峰玉的陪同下，到电信局通过中转台拨通了美国长途。问事业、问家庭，双方都有说不完的话，直到电信部门的工作人员催促要下班了，父亲才恋恋不舍地放下电话。自从父亲和美国的大哥联系上后，他就像换了一个人，精神焕发。尤其是大哥黄心培通过美国转寄过来的台湾卢妈妈和另外两个哥哥的全家福照片，更成了父亲工作的动力。他要建更大的机场，让这里的飞机直飞世界各地，飞到宝岛台湾，他们就可以团聚了。在此期间，父亲担心卢妈妈生活有困难，他们拿出多年的积蓄，准备换成美金。由于没有实行"三通"，即使有钱也汇不过去，他们跑到天津，一直打听，还是没有找到能给他们捎钱的人。

有了扩建的目标，父亲仿佛有使不完的劲，干工作更加拼命了。1986 年的正月初三，父亲感觉有些胸闷，被送到青岛市人民医院，初五一大早就因心肌梗塞抢救无效离开了我们。

卢妈妈从美国的大儿子那里得知丈夫去世的消息，坐在家里，两天两夜没有出门。她朝思暮想的亲人竟然撒手人寰，离她而去，她多么盼望能见一次面，可这个盼望却成了她心中永远的痛。

父亲的突然离去，留下了太多的遗憾，一颗愧疚的心一直没有实现
自己的夙愿，他没有来得及给他所深爱的两位妻子留下只言片语。母亲
田峰玉却能读懂父亲的心思，她决心用实际行动来弥补丈夫生前的
缺憾。

54 年等待后的破冰之旅

1988 年春节刚过，大陆和台湾也迎来了春的消息，实行"小三
通"。远在台湾的卢桂芳妈妈按捺不住寻夫的心情，来到了青岛。在此
期间，她也通过美国的大儿子黄心培得知一些青岛这边的情况，得知丈
夫这边的一家人都在民航系统工作。于是，她便来到青岛民航售票口打
听。当时我在民航售票处工作，本来认为是台胞来找我托关系买机票
的，开口便问："是买机票吗？"没有想到，卢妈妈一见到我就笑了：
"你知不知道在台湾有三个哥哥？"一句话将我问愣了，好半天，我才反
应过来，原来是台湾的妈妈到了。我马上打电话给妈妈田峰玉，告诉她
来贵客了。

一见面，两个妈妈相互打量对方，无限的感慨一齐涌上心头，两双
手紧紧地握在一起，好半天时间，两个人都不说话，好像时间定格在那
里。一时间，无限的悲愁，与丈夫的一幕幕都呈现在眼前，是丈夫，将
她们紧密地联系在一起，她们仿佛都忘记了时间。

第二天，两位妈妈一起来到青岛市殡仪馆里探望父亲，在骨灰安放
处，卢妈妈跪在地上，放声大哭，压抑在她心头多年的感情今天终于释
放。妈妈也陪着一起流泪。

在青岛期间，妈妈不让卢妈妈跟旅行团住宿，而是请她住在自己家
里。母亲尽其所能，将自己的手艺全部展现出来，卢妈妈想吃什么做什
么，将青岛的海鲜做了个遍，唯恐怠慢比自己大 11 岁的这个姐姐。看

到母亲为她剥好的一只只虾虎，卢妈妈含泪放在嘴里，慢慢地咀嚼、品尝着，两人像多年未见的朋友，促膝谈父亲的一些优点和小毛病，谈到伤心处，两人一块垂泪。

两岸一家人的情债情缘

自从两位妈妈见面后，妈妈田峰玉就有了心事，她一直牵挂着丈夫前妻的生活。虽然20年前台湾的生活水准比大陆强，但现在却不一样了。20年前，台湾的哥哥来青岛看我们时，由于国内物资匮乏，他每次来青岛都要去华侨商店买一些紧俏物资送给我们家。但随着国内近年来的飞速发展，如果再问我们缺不缺东西那就成笑话了。

母亲田峰玉曾直接对我台湾的哥哥们讲："你爸爸走得早，你爸爸欠你们的，看我们怎么弥补给你们。"哥哥们连连摇头："不用，不用，我们都理解爸爸当时离开我们的心情，我们不怨恨他，其实他也想早一天解放台湾，让我们一起过好日子，没有想到，这个成了他永恒的梦。"

我第一次与几个哥哥见面的时候，一点陌生感也没有，就好像是亲人多年外出没见面一样，而且和自己年龄相近的三哥谈了一个通宵。现在，兄妹交流都靠 MSN 等网上交流工具来实现。每次哥哥临走时，妈妈都要去超市扫货，只要他们能拿得动，尽量多给他们带一些在台买不到的物资。大到装饰工艺品，小到牙膏、牙刷，母亲都像给出远门的孩子一样想得非常周到。

终于盼来了久违的"大三通"，青岛也开通了直达台湾的包机。为了实现父亲的愿望，74岁的母亲决定去台湾看一看85岁的姐姐。在母亲的倡议下，由母亲和两个亲家即哥哥的岳母、我的婆婆，以及各家的孩子，组成了16人的亲属旅行团。我带去了山东的小米、花生、棒子面、两个最大的中国结，大包小包都填得满满的。

　　虽然父亲已经离开我们 15 年了，但两个家庭却继承着他的遗愿，大陆这个家一直在想办法替他偿还这份情债，并努力慰藉台湾妈妈的心。尽管卢妈妈生活得很充实，但田妈妈还是感觉要替丈夫弥补他的缺憾，决定拿出一部分钱，在台湾为卢妈妈再买一块地，建一处房子，在充满神话的山脚下颐养天年。

　　大陆妈妈和台湾妈妈有一个共同的心声：我们始终相信，两岸一家亲，家会团圆，国会统一，我们终会在一起。故人带着遗憾走了，我们不能再把遗憾留给下一代，我们相信在不久的将来两岸终会统一。

忧劳可兴国

——实业家金芝轩生平

———

乐时鸣[*]

  金芝轩先生是一位有丰富实践经验的机械工程师，是一位爱国民主人士。从抗日战争起，他就与我党有密切联系，为抗日战争和人民解放事业尽过力；全国解放后，为我国机械工业的发展作出了贡献。他离开我们已经 25 年了。近年来，我们在座谈抗战初期中国红十字会总会交通股对新四军的帮助时，大家想到了金芝轩先生；在座谈上海益友社的历史时，大家提到了金芝轩先生。对一位为党为人民革命事业作过贡献的党的老朋友，我们是不会忘记的。

  金芝轩原名金体达，又名子显，浙江镇海人，1897 年 3 月 7 日出生。他的父亲金棻士，是参加辛亥革命的老同盟会员，因反对袁世凯险遭杀害，后改名金幸庵，息隐在镇海城内办勤工学校，以教书终其一生。金芝轩幼年就读于镇海，13 岁考入宁波育德金工学校，后转入宁波

工业专门学校，1915 年在该校毕业，由他母亲唐家一位在外洋船上做事的亲戚带到美国。18 岁的金芝轩在旧金山友宁钢铁公司船厂做工，在紧张的劳动中，仍然孜孜不倦地刻苦学习，为他的技术知识和英语水平打下了良好的基础。他非常喜爱摆弄机械装置，在劳动之余发明了照相机快门停止装置，使照相机的快门在一次拍摄后必须把胶卷卷过才能再次拍摄，这个发明专利被美国著名照相企业柯达公司买去。在美国劳动了两年，1917 年他便回国了。先是在汉口扬子机器厂任助理工程师，后在上海慎昌洋行任装机工程师，开始了他作为机械工程师的一生。一个偶然的机会，金芝轩在香港结识了新通公司在香港采购机器的人，他给新通公司出了一些好主意。新通公司是南通张謇等实业家创办的，因金芝轩不但熟悉机械技术，而且在经营采购方面也很精明，于是 24 岁的金芝轩被新通公司破格聘任为机器部主任，任职 8 年。

1929 年从美国开始的经济萧条波及世界，却给中国民族工业的兴起带来了机会。民族企业家刘鸿生因曾在英商开滦矿务局供职的关系，与开滦矿务局签订了为期 10 年的合同，承担向上海华商销售开滦煤的业务，每售出一吨煤，可以稳得佣金若干。据说最高每月可以售出三五万吨，得利三五万元。这是一项收入很大、只赚不赔的重要资金来源。于是，刘鸿生办起了一家颇具规模的开滦售品处，刘通过金芝轩的岳父认识了金，对金的才能颇为欣赏，以重金聘请金芝轩为开滦售品处的工程师（后称工程部主任），为购买开滦煤的厂商提供技术咨询和锅炉工程的技术服务，并为刘鸿生所办企业作工程技术指导。年方而立，事业心很强的金芝轩，经济上有了丰厚收入，仍然勤奋工作，依靠自己的收入和亲友投资，办了一个经营机器业务的四达公司和四达工业厂。生活亦裕，事业有成，时常可以听到他粗大嗓门发出的爽朗笑声。

金芝轩关心国家大事，他在业务上与不少外国人打交道，包括一些日本商人，他深感国家衰弱国力不强是办不成大事的。金芝轩对日本帝国主义的侵略非常愤慨，总想为国出一点力。1932 年"一·二八"淞沪抗战爆发，他眼看十九路军将士浴血奋战，极为激动，便以四达公司库存材料和加工能力为主，赶制了两万顶钢盔捐送给十九路军。他说："我总算为国家做了一点事。"但是，上海停战了，十九路军撤走了，屈辱的淞沪协定签订了，他失望了。福建事变以后，这支曾在上海抗日扬名的部队，也加入了内战的行列。他对国民党"攘外必先安内"的倒行逆施有了认识。从此，他很少谈起捐送钢盔的事。

1932 年至 1933 年，刘鸿生先生从他家乡浙江定海中学先后招收了十几个毕业学生到他所办的各个企业里任职。我于 1932 年 9 月被分配到开滦售品处，就在金芝轩手下工作，成为他的下属和学生。先后到刘鸿生处的同学有胡世奎、金振华、陈昌吉、忻元锡、周中奎等。我们这批青年人既是同学同乡，又大多在一个大楼里工作，关系很密切。到 1935 年我们逐渐不安心于做一个小职员了，便集资办了一个文艺月刊——《微明》。我的办公室成了《微明》的"编辑部"。金芝轩知道我们在搞这些业余活动，不加赞许也不干涉。

日本帝国主义的侵略步步深入，全国要求停止内战一致抗日的呼声日益高涨。"一二·九"运动掀起了抗日救亡的热潮。12 月 24 日，我和周中奎、胡世奎等出于抗日的激情，走上街头，参加游行示威，冲进北火车站，支援大中学生赴南京请愿。中午，我兴奋地回到办公室，金芝轩来上班了，问我："上午到哪里去了？"我如实说去参加游行示威了。他淡淡一笑，只说了一句"当心点。"1936 年，我们先后参加了上海职业界救国会。5 月 9 日，我和周中奎、胡世奎及我的姊弟等 6 人，在新闻路准备参加飞行集会未成，被国民党警察局的便衣盯上，出了租界便被逮捕了。我的哥哥发觉此事后，赶紧通过他的房东叶晋荣先生

（叶进明的哥哥，也是开滦售品处的高级职员），告知了金芝轩，报告了刘鸿生。第三天，金以刘鸿生的名义到警察局把我们保释了出来。事后，金说："警察局问我保多少人，我说，统统都保。"其实他当时并不确知我们同时被捕的有多少人。对我们被捕的事，刘鸿生也很关心，把我们找去训话，还把我的父亲从定海找来，当面要家长管束我们，这当然是他怕出了什么事不好对家乡父老交代。而金芝轩对我几乎不谈被捕的事，却在生活上给了更多的关心。

这年下半年，我参加上海职业界救国会一个干事会的工作，曾让"职救"的沙千里、李少甫等领导人在金芝轩的办公室开理事会，我的办公室成了发行职救会会刊的一个点。对此，金芝轩是有察觉的，但是他不问不说。有一次，他发现在他办公桌上有一份救国会刊物，就对我说："你们这样乱放，命要不要？"我自然承认疏忽。其实，这正是让他看到抗日进步刊物的一个办法。同时，我还多少向他宣传一些党的抗日民族统一战线的主张。

抗战爆发了。1937 年 10 月，金芝轩被中国红十字会总会会长刘鸿生任命为总会交通股主任。从此，他与我们党建立了联系，要我随他到交通股去，做他的助手，协助处理日常事务。我当时已经参加了党，就向组织上报告了这一情况，顾准同志嘱咐我要做好金芝轩的工作。金常在晚上到交通股来办公，我有较多的机会向他做些宣传。我们之间年龄、地位相差很大，但相处已有五年多，他对我的话能听得进去。不久，上海煤业救护队与交通股合并，在煤业救护队负责的叶进明、忻元锡和陈昌吉同志都作为他的下属，和他建立了友谊，对他做了许多工作。叶进明是上海地下党的老同志，后来担任交通股副主任的田莘芳先生也是煤业界的进步人士。这样金芝轩的社会活动面扩大了，与我们党更加靠近了。

1938 年 4 月，金芝轩、田蓼芳两位主任来浙江、江西视察交通股和煤业救护队，在叶进明、忻元锡的安排下，特地请金、田到当时新四军军部所在地的皖南岩寺。在岩寺，项英同志亲切地接见了他们，开了欢迎大会，并被新四军军部分别聘任为军部卫生、交通顾问。亲眼看到在抗日前线历经三年艰苦游击战争的老红军，受到共产党和红军传奇式领导人的亲切接见和热烈欢迎，使金芝轩很为感动。他自认已是新四军的一员了，要为新四军尽力，并对我们为新四军服务表示完全赞成。

同年，在上海地下党职委负责人陆志仁等领导下，益友社成立了。这是党领导下上海职工运动中以店员为主体的群众性社会团体，团结教育了广大的职业界青年，输送了不少党员和群众骨干到新四军根据地。益友社为了在上海这个极为复杂的斗争环境中开展活动、扩大影响，很重视中上层人士的工作。益友社通过我们及赵朴初请金芝轩担任了益友社的理事。金和赵朴初等一起，在上层人士中做了许多工作，两人也建立了良好的友谊。1940 年，敌伪《新申报》刊登了益友社是抗日团体，指明金芝轩等人是益友社的负责人后，金沉着对待，不仅没有退缩，而且仍经常在他家用不定期聚餐会的形式举行常务理事会会议，讨论益友社的工作。抗日战争期间，金芝轩先后担任了益友社理事、监事和名誉理事。

1938 年底，我从红十字会救护委员会运输股出走，带了三辆原交通股的汽车及医药、汽车零件等到新四军军部。金芝轩赞许我的行动，向当时红十字会总会负责人林康侯多方说项，终于答应借给新四军，实际上等于捐送给新四军了。1939 年初，我根据新四军军部领导的意图，决定在皖南办个军需工厂，以皖南盛产的柏油为原料做蜡烛肥皂。金芝轩慨然给我一张 2000 元的支票作为资金，还给这个工厂取名为"新光皂烛厂"。尽管我们这个小工厂办的时间不长，对军需供应的作用也不大，但金芝轩为新四军办事的热情是显而易见的。

皖南事变后，当忻元锡辗转来沪，准备北上时，会见了金芝轩。金在康定路寓所盛情接待了忻元锡，对国民党当局发动内战表示极大不满。忻离沪后，我们在新四军工作的同志同金芝轩的联系暂时中断了，但上海地下党与金仍保持着联系。金芝轩的四达工业厂里有两个青年徒工朱元豪、林文炳，参加了上海附近的游击队。他们找到金芝轩，请金为游击队改制简易的收发报机。金不大了解他们的情况，有些犹豫，后来得到赵朴初的证明，才帮助把用打字纸蜡筒伪装起来的简易收发报机制作成功。

1943 年 8 月，金芝轩与上海地下党合作投资，合办了中国唱片公司，由盛丕华出面，金任副经理兼总工程师。

1945 年日本投降了。在这举国欢庆的时刻，金芝轩接到当时任新四军七师供给部部长叶进明的邀请，请金到七师去看看。金芝轩非常高兴地匆匆就道，到了皖中，受到热烈欢迎。当时，日军虽然投降了，但因国民党积极准备内战，形势仍很紧张，七师亦正在北撤，只好请金芝轩仍回上海。金芝轩第二次来到新四军部队访问，更加深了他与我党我军的情谊。

1945 年底，中国民主促进会在上海举行会员大会，正式宣告成立。金芝轩经赵朴初、陈已生介绍，参加了民主促进会，成为该会的积极分子。

日本投降后，大批国民党军政人员忙于接收。金芝轩被聘任为行政院接管的真如机械厂的代总经理，因为看不惯接收官员的胡作非为，与国民党当局闹翻，愤而去职，后因刘鸿生的关系，到联合国善后救济总署当工程师和顾问。

抗日战争胜利后，蒋介石以和平谈判作掩护，调兵遣将，不断向解放区进攻。先是关内小打，关外大打，至 1946 年 6 月全面内战终于爆发。金芝轩在上海一面积极参加中国民主促进会反对内战、要求民主的活动，同时积极协助党的地下活动。1946 年，叶进明一度在上海创办晋丰煤号，以掩护党的地下工作，与金进行合作。稍后，忻元锡根据中共华中工委指示，在上海等地办了一批秘密商行——内有大华公司所属的吉泰商行。金当了这个商行的理事，为我军购买军用物资出了不少力。金芝轩去香港筹建机构，寻找交通运输关系，并在港会见了忻元锡、金振华和山东派去的陈明等人。金芝轩的四达工业厂里就有地下党员，并与地下党员马小弟有联系。

1947 年 10 月，吉泰商行被国民党破坏，该行负责人被捕，金芝轩的安全受到严重威胁。加之 1946 年他在工程师学会上发表过不同意国民党"和平运动"的言论，早被国民党当局注意。因此，他毅然离开上海去香港，在那里又想方设法办起了四达公司香港分公司。他在香港立脚未稳，上海四达工业厂的马小弟等 20 多人，在严重白色恐怖下，也逃避到香港。金不顾及逃离上海，个人财产受到很大损失，仍竭力为他们安排生活和职业。其后，金芝轩在香港船业公司当了总工程师和经理，仍然与先后到港的民主人士一起，积极进行活动，保持和党的联系。这里还应提到，在金芝轩从秘密到公开为革命工作的各个时期，金芝轩的夫人舒卿是一位很好的贤内助。

1949 年初，北平解放了。金芝轩接到党中央电召，匆匆结束了在香港的业务，辞去拿高薪的职业，把三个正在上学的女儿留在香港，就和许多民主人士一起，于 4 月间来到北平。5 月，上海解放，他被分配到上海工作，在上海军管会任接管资源委员会的汪道涵、孙冶方的助手，并在重工业处当顾问和工程师，和叶进明、忻元锡在上海又会面了。1950 年 1 月，金被任命为华东工业部经理处处长，在上海许多工业企业的整顿恢复工作中，发挥了他既懂技术又懂经营的才能。

1949 年 6 月，中国民主促进会上海分会成立，金芝轩当选为分会理事。1950 年 4 月，中国民主促进会第一次全国代表大会上，金芝轩又当选为中央理事会理事。

1952 年 12 月，金芝轩调到第一机械工业部任技术司副司长，从此在北京定居。1953 年 10 月，他参加第三届赴朝慰问团。1954 年 12 月，金芝轩当选为中国人民政治协商会议第二届全国委员会委员。1956 年中国民主促进会召开第二次全国代表大会，他被选为中央委员、中央常务委员。

1957 年反右派斗争中，金芝轩被错划为右派分子，但被免于处分，工作职务没有变动，工作条件如旧，1959 年 4 月仍当选为政治协商会议第三届全国委员会委员。1959 年 12 月，金被摘掉"右派"帽子，并登报公布。1962 年 10 月 26 日，金芝轩因患肝癌医治无效，与世长辞。

金芝轩逝世以后，组织上为他举行了隆重的葬礼，许多领导同志、亲朋故旧来参加追悼会。在悼词中，对他的一生作了适当的评价。但是，在党的十一届三中全会以后的 1979 年，才终于公允地作出了"金芝轩同志不应划为右派分子，应予改正"的决定，"撤销原定金芝轩同志为右派分子的决定，恢复金芝轩同志的政治名誉"。

今年是金芝轩先生诞辰 90 周年，又是他逝世 25 周年，我受同志们的委托写这篇文章，以表达我们对这位勤奋正直、爱党爱国的老人的深切怀念。

何兹全：爱国一书生

———

梅　辰

对北伐的关注，促使他走上史学研究之路

何兹全 1911 年生于山东菏泽。何家是当地的大户，既是书香门第，又是官宦之家，但何兹全这一支的祖上却未能延续家道的兴盛，到他父亲时日趋衰落的家境已近贫寒，无奈之下他的父亲只好到河北保定军官学校入伍从军。到何兹全出生时，他的父亲已经做了小军官，家里因此多了一些收入。由于是家里最小的儿子，上边有一个哥哥和一个姐姐，所以何兹全从小就受到父母的宠爱，娇生惯养，没吃过苦，也没挨过打，用他自己的话来说就是因此养成了心地善良、平和软弱、不愿意争斗的性格。他认为孩子从小挨打，容易激发脾气暴躁以及报复的心理，乃至形成刚烈的性格。

他的母亲是一个十分善良、慈祥而又随和的人，她乐于助人，常常帮助邻里乡亲，从来不和人斗嘴闹气。何兹全说自己与世无争，与人为

善，讲团结，另外还有点软弱的性格多是受了母亲的影响；他的父亲生性刚烈，为人正派，对上级抱有尽忠和感恩的思想，这种思想也或多或少地影响到了何兹全；小学时，语文老师给他们讲"中国的戏，不出四个字'忠、孝、仁、义'"，这些怎样做人的道理在他幼小的心灵中打上了深刻的烙印，让他铭记了一生。走入社会后，他的朋友各式各样，有进步的，也有反动的；有跟着蒋介石去台湾的，也有跟着共产党闹革命的；而他则一直是中间偏左，包括政治思想、为人处事等始终都持中庸的态度。他说："我就是这种性格的人，进步，但不过激。"他认为人类文明的总趋势是要向中间阶层发展的，今后，人类生产越丰富，人类越文明，中间阶层就会越大，这种枣核形的社会构成不会有太大的社会矛盾。人们的心态好了，社会也就相对稳定了。历史上两极分化较多，这样社会矛盾、阶级斗争也就多了。

1926 年年末至 1927 年年初，少年懵懂的何兹全参加了国民党。他回忆当年的情景时说："当时加入国民党应该说大半是稀里糊涂，小半也有点思想想法。那时我在南华学校（小、中学）读书，我们的校长是非常进步的，老师也有很进步的，另外还有很多同学跑到广州加入了黄埔军校……我就受了他们的影响。当时自己对国民党、对政治理想以及对三民主义等都没有太多的了解，但我从小就有'国家兴亡，匹夫有责'的思想，非常关注国内形势和北伐军的胜利发展，每天都迫不及待地在报纸上寻找北伐军的消息，并且还帮着报贩子往学校送报纸，对国民革命军的将领、编制以及北伐路线等都作了很多的记录，北伐军胜利的消息常使我兴奋不已。就是在那种情况下，我加入了国民党。"

对北伐战争的关注，促使他后来走上了历史学研究的道路。北伐战争失败后，在知识界有一种思潮就是反思革命为什么失败了？失败的原因是什么？于是在知识界兴起了研究中国社会、中国农村社会以及中国社会史的思潮。由于个性中喜欢刨根问底，何兹全就很想知道中国社会是怎么来的？它又是怎么发展的？由此引发了他对历史研究的兴趣。"在我的孩提时代，我从没想到过要学习历史这门学科，后来考入北京大学，那时考大学不分系，先进校后选系，每个人可以根据自己的兴趣随意选系，我选了政治系，后来发现政治系只讲现代政治，不讲历史根源，而我最主要的是想知道中国社会的发展过程，于是又转入史学系，自此开始了一生的历史研究。"关于为什么学了历史专业，何兹全如是说。

何兹全从大学到留学，经济上一直有族兄何思源先生提供资助，学业上又有多位知名学者护"学"，他感到自己实在是太幸运了。提起何思源先生，何兹全总有道不尽的感激之情："何思源（字仙槎）先生是我的族兄，我叫他仙槎大哥。解放前他曾任山东教育厅厅长等职务。解放前夕，他为北平的和平解放奔走、呼吁，国民党特务在他家里安放了定时炸弹，他的女儿何鲁美被炸死，全家受伤。国民党撤往台湾时，他留在了大陆，直到 1982 年去世。1931 年我考取北京大学后，我的大学及留学的生活费用和教育费用从此就都是由仙槎大哥提供，是他帮助我、资助我读书、留学，使我成人，我非常感激他，可以说没有他就没有我的今天，他对我的培育之恩，恩同再造，永生难忘，他是我没齿不忘的恩人。但我一生学无大绩，真的是辜负了他对我的厚恩厚望。"

何兹全是幸运的。他在大学时期的老师是曾任国民党中央执行委员会常委、国民党宣传部部长的陶希圣，陶在学术思想上给了他极大的影响。在陶的影响下，何兹全走上了研究中国社会史的道路。另一位大学老师傅斯年先生，也是著名的历史学家（曾任北京大学代校长、台湾大学校长，筹建了"中央研究院历史语言研究所"，任所长），对他更是恩重如山。1935 年何兹全大学毕业后，本打算应傅斯年之约去史语所工作，但因仙槎大哥已说好送他去日本留学，于是他放弃了史语所的工作去了日本。从日本回国后，他编杂志、写社论，艰难地混日子，度日如年，是傅先生又邀他回史语所，他才重新走上了做学问的道路。回首往事，他感慨万分："要不是傅先生让我回到史语所，我真不知道现在会在何处，也可能早就死了。是傅先生给了我重新再奋起的机会。"1995年12月，何兹全应台湾"中央研究院历史语言研究所"所长杜正胜教授的邀请去台湾参加"纪念傅斯年先生百年诞辰学术研讨会"，使他有机会参拜了傅斯年先生之墓。在墓前他先行了三鞠躬礼，然后绕至墓旁跪下，沉痛默哀良久。此情此景，师生两人虽近在咫尺，却是天上人间，生死相隔，想起傅先生的培育之恩，何兹全不禁潸然泪下。

提到那些让何兹全难以忘怀的老师，就不能不说胡适先生。1947年何兹全去美国留学，是胡先生给哥伦比亚大学历史学家 Goodrich 教授写了推荐信，使他如愿以偿。他至今依然清晰地记得胡先生当年给他们上课时的一段往事："当时有很多人都到北大来听课，学校里流行一句话：'正式生不如旁听生，旁听生不如偷听生。'旁听生是指北大学生，但没有选修这门课的人；偷听生则是指根本不是北大学生，却来听这门课的人。有一次胡先生上课时间：'你们哪位是偷听生啊？没关系，能来偷听更是好学之士。你们给我一个名字，就是我班上的学生……'我听了胡先生的话非常感动，他宽厚待人、身教言传的品德对我的人性成长有很大的启迪。"正是在这些先师和兄长的启迪、影响和帮助下，何兹全才有了今天事业的辉煌。

一辈子做学问，一辈子不忘情国家

大学毕业后，何兹全在何思源的资助下直接去了日本留学，但不到一年他就回来了。在日本，他发现街上的日本人都步履匆匆，紧张而忙碌，像赶庙会一样，生活和工作节奏也都很快。相比之下，中国国内却是一片歌舞升平，街上养花的、遛鸟的，悠哉闲哉……在日本的所见所闻使他猛然清醒："人家全国上下紧张勤奋，而我们却昏昏欲睡，麻木不仁。此时不是读书时，此地不是读书地。"于是他毅然决定回国。

回国后，当时北师大教育系的青年学生朱启贤正在积极地呼吁创办一个以乡村小学教师为对象的刊物——《教育短波》。朱启贤深切地感到，乡村小学教师知识结构及知识的丰富程度对千百万儿童的影响是中华民族的大事，何兹全被他的精神及热情所感动，便积极地投身其中。他们的《教育短波》当时办的很有生气，最高发行量曾达到过五万份，而当时上海的《大公报》也只有一万多份，从发行量上来说，它可能是当时全国发行量最多的杂志之一，现在北京各大图书馆仍可以查得到它。抗日战争爆发后，随着华北、南京等地的沦陷失守，《教育短波》的订阅量急剧下降，由原来的四万份左右直降到只有几千份的订量，于是他们决定停刊。何兹全说："《教育短波》一共办了五年，创办之初我们曾拉到了陈立夫的赞助。我们开始的想法是想先用他的钱把《教育短波》办起来，造出声势，使它能够得到学术界、教育界等各界名家的支持，给自己创造一些社会地位，这样就使得陈家只能出点钱支持我们，而不能控制我们。我们可以在上面发表我们自己的主张，我们的基本立场是进步的，都是拥护孙中山先生的，陈立夫也说不出什么来。当时我们还想出版以后有了社会知名度，经济上能够独立时就摆脱陈家的经济补助而独立发展。基于这种想法，我们先找了同乡庞镜塘，因为庞镜塘是陈立夫的人，正好这时候陈立夫来北京，庞就跟他说了此事，陈答应每月给200元开办费，以后办好了可以再多给，就这样《教育短波》办了起来。"何兹全说陈立夫之所以会支持这件事，主要原因是当时各党派都在北京拉学生，陈自然也想拉一些学生，而在当时来说，他们这一干人也算是一大批有才干、有学问的优秀青年，自然陈也就愿意拉他们扩大支持面。

决定停刊后，何兹全曾给陈立夫手下经管《教育短波》的叶秀峰写了封信，说钱是你们的，刊物是我们的，承蒙多年关怀，非常感激，君子绝交不出恶言，请从此绝，等等。后来时任教育部部长的陈立夫还把何兹全找去谈了一次话，他说这个刊物正值年轻、富有朝气，正是成长的最好的时候，不要就这么停了，还是继续办吧……不过最终何兹全等人还是决定停办了。

1947 年 5 月，何兹全在仙槎大哥的资助下来到了美国的哥伦比亚大学留学，主要学习欧洲古代史和中世纪史。1949 年中华人民共和国成立后，摆在中国留学生面前的有两条路：一条是回祖国大陆，另一条是留在美国，而何兹全还有第三条路就是去台湾，因为他的老师傅斯年先生以及史语所当时都已随国民党撤往台湾，并且他的书籍等物品也都已被带了过去，如果他选择去台湾是绝对没有问题的。更何况当时他在美国霍普金斯大学国际学院已经取得了研究员的职位和待遇，可以轻松地留在美国。但是在这三条路中，他却毅然选择了回大陆。国民党的大队人马都去了台湾，可他却单枪匹马地跑了回来，他说是"祖国"两字的神圣力量把我这个游子召唤回来了。俄国大史学家 M. Rostovzeff 一生流落欧美，临终时他曾非常伤感地说："我是一个没有祖国的人。"何兹全对此深有感触，他忘情地说："一个有祖国的人是无法体会到一个没有祖国的人的感情的，我心中的祖国是中国大陆，我是回来真诚地向共产党投降的，换取共产党的宽容，真心地想在它的领导下，建设国家，建设社会主义，建设人民的中华人民共和国。"何兹全说："鸦片战争以来100 多年，中国的知识分子大多数生来就是爱国的，关心政治的。我也是这样的人，无能而又爱国心不死……很想为国家为人民做点事……一辈子做学问，一辈子不忘情国家……自誉'爱国一书生'。"

正是这一腔的爱国热血，使他在抗美援朝期间，毫不犹豫地把平时省吃俭用积攒下来的大约 20 两金子一并交给了北师大党委，通过师大党委捐给了志愿军。多年来他和夫人生活简朴，从无奢华，却多次为灾区捐款，为贫困学生解囊，而他们自己在金婚纪念日时，却是何兹全以画代实，用笔给夫人画了几十个钻戒作为金婚礼物，他还风趣地说这才叫情谊无价。

在中国封建社会分期的问题上，与毛泽东意见相左

毛泽东指出周秦以来中国就是封建社会，而何兹全却提出"汉魏封建说"，他认为中国的封建社会开始于汉魏之际。汉魏之际，中国的社会经济有变化，并以可靠的历史文献证实这一变化是由古代社会到封建社会的转变。在那个年代敢于公开提出和毛泽东不一样的观点，也足见他的儒生个性。他说："1934 年我已有此认识。当时学术上有很多种说法，具体到毛泽东的说法我当时并不知道。我是研究社会史的，研究比较多的是商周到隋唐的社会状况，我对周的看法，对战国、秦、汉的看法，对魏晋南北朝的看法多和别人不一样。我提出了'汉魏之际封建说'。我认为中国是东汉末年和三国时期才进入封建社会的，战国、秦、汉是中国的古代社会，商、周是由部落、部落联盟，到国家、阶级社会的过渡时代，至多是早期国家时代。到了 1956 年'百花齐放，百家争鸣'的时候，我又提出了这个说法，当时毛泽东以及一些史学界的学者，包括翦伯赞等都主张西周之际是封建社会的开始的观点，我发表了上述观点，是很大胆的，也很提心吊胆，担心不定何时就会遭批判。实际上，我只是提出我的认识，这只是我的研究成果，是'一家之言'，是否正确，还有待于历史评定。真理是客观存在的，人类对客观的认识

是相对的。因为真理本身还在发展变化，认识总是会晚一步，和实践总有个距离。人类总是一步一步地接近客观真理，永远达不到客观真理，正所谓'日取一半，万世不竭'。我只能说我对这段历史的认识接近历史的真实。"不过好在最终他并没有因此而遭批判。

何兹全认为看一个人在学术上是否有建树，一要看他有没有创新，对于学历史的人来说，就是对历史的认识是否有更进一步、更深一步的认识；二要看他是否有所突破，如果大家都停留在一种认识的迷惘上，他却能向前发展一步，这就是了不起的成绩。

何兹全对自己在学术上的评价是"贫乏"但"不浅薄"。他诚恳地说："比起老一代的学者来说，我们这一代人（指中华人民共和国成立时三四十岁的人）从小生活动荡，历经军阀混战、日本侵略、国共战争等，无时不在战争与动乱中。我生活在小城市，动乱得很，念书的机会就比我上一代差多了，所以我认为自己是贫乏的。比起我的老师傅斯年等人十几岁时就通背前四史、通背《十三经》那就差得太多了。比起前辈学者，他们是博学的，我们是贫乏的。之所以又说不浅薄，是指在学术见解上不浅薄。我很喜欢梁启超先生在自我评价时的一段话：'我写历史上的梁任公（梁启超）是写在近代史上起了很多作用的梁任公，像戊戌变法等，这是客观的自我评价。'我认为这样很好，人们应该客观地看自己、客观地评价自己，要有自知之明。"为此他这样评价自己的学术成就："我较早地接受了辩证唯物史观的影响，对自己在学术上的评价是不浅薄。和我的同代人比起来，我的聪明、才智、读书都不如他们，我很佩服他们，但我的思想方法是辩证唯物史观，这就好比虽然我的武艺不如他们，但我的武器好，我用的是机关枪，它可以使我的战果不比别人差太多。所以我说自己不浅薄。"

在《九十学术自我评述》中，何兹全又写道："我生的时代，是世界、中国千载不遇的大变动时代，也是一个大浪淘沙的时代，时间都浪费掉了！我是'幸运'的，也是'悲剧'的。"之所以说是悲剧，他认为这个问题可以就历史和个人两方面来说：从历史来说，中国知识分子多悲剧，商鞅变法遭车裂；戊戌变法六君子被砍头；孔子、孟子虽都能寿终，却都惶惶一辈子；有好结局的可能就只有一个诸葛亮。而近代中国，又是一个大动荡的时代：太平天国、鸦片战争、军阀混战、北伐战争、抗日战争、解放战争，一直都没有安定下来，无数有才华的知识分子被吞噬了，这些都是中国知识分子的悲剧。而就其个人来说，生在一个多变的时代，连年混乱，疲于逃难，没有时间多读书，一生的时间大部分都被浪费掉了。如果不是这么动乱，如果能把时间都用在学术上，他觉得自己的成就应该比现在高，应该更上一层楼。所以他才嗟叹"我是悲剧的"。然而所幸的是他既没被杀头，又没被大浪淘去，所以他又感叹："我是幸运的。"

何兹全自我评价在聪明才智上只能算是个中人，是中等之才，不是个有才华的人，虽说没有才气，生性又鲁钝，但他却极好钻研，有一种"打破沙锅问到底，要问沙锅几道纹"的坚韧精神。他说历史上不乏上人，像孔子、司马迁、马克思、恩格斯等都应该算作上人，司马迁认识问题、思考问题的水平是胜人一筹的，他的老师陶希圣、傅斯年也都是学而知之的上人。以前傅先生给他们上课时引文，想不起出处时就背，觉得可能在《尚书》里，就呜噜呜噜地背一大段《尚书》，发现不对，不在这篇，就又呜噜呜噜地再背一大段，哎！找着了，在这儿！足见其中的功夫。

用小说体传播历史知识

何兹全很赞成用小说体来传播历史知识，他说中国人知道最多的中国历史就是三国史，为什么？因为《三国演义》太深入人心。三国时期的历史人物，曹操、诸葛亮那是历史上有地位的人物，可是像张飞、关羽等却不是什么重要的历史人物，但他们的知名度却比那些比他们地位高得多的人要高。因此他呼吁，历史学家应重视用小说体来传播历史知识。他说自己一直有写章回体历史小说的念头，如果要写的话会从秦汉史入手。

针对社会上"读史没有饭吃"这种现象，何兹全认为这主要是社会问题，文科知识分子现在出路不行，工作不好找，挣钱又不多。目前社会上普遍是什么挣钱多就学什么，现在历史系招生困难也跟这个有关系。学生毕业后不好找工作，报志愿的时候他就会慎重考虑，人们在考大学选专业时，更多地要考虑将来的出路问题。只有等大家都富裕了，衣食无忧了，人们才会从追求物质的满足过度到追求精神上的享受，当人们有了一定的社会阅历和人生经历的时候，才会认识到学史的重要性，才会自觉自愿地学习历史。政治家前知八百后知八百的本领都是从学历史、学哲学、学人类积累起来的一切知识和智慧中来的。司马光编纂《资治通鉴》，就是为了让后人能够以史为鉴，从历史上的成败兴亡、盛衰得失、褒贬君臣、纵横捭阖中得到启发，从而反躬自问，知所行止。无数古今事实证明，史载的经验、教训总是直接或间接地给人以知识和智慧，教育人慎思明理、辨别是非。人类应该了解过去的人是怎样走过来的，未来又可能朝着哪个方向发展。通过了解人类的历史以及社会的发展方向，人们就会知道哪些事是可以避免的、哪些事是可以借鉴的。比如历史上凡是荒淫腐败必然导致亡国亡朝，每一个王朝最后灭亡都是因为君昏臣乱，相反，如果君明臣忠，则国富民安，这些都是历史留给我们的经验、教训。

他强调在科学技术很发达的今天，注重科学发展固然很有必要，但绝不能轻视、漠视文科，文科是谱写人类社会前景的。科学可以制造原子弹、计算机，可以架桥、铺路，可以提高社会生产力，但如果人文科学滞后羸弱，就有可能导致人类社会的毁灭。一个决策的失误，就有可能带来人类的大劫难，因此我们没有理由轻视文科。文、史、哲是大政方针，是指导人类方向的航标，人类的思想品德、道德理想都体现在这里面。

他说"上帝"赋予历史学以及历史学家的使命有二：一是研究历史，总结历史认识和经验，提高对历史、社会、人类自我的认识；二是把总结历史得来的经验和认识普及化，使其成为全人类的财富。